KB074605

수의사,
길에서
청춘을 만나다.

별난 수의사 **영광이의 무한도전**

수의사, 길에서 정을 만나다.

초판 1쇄 발행 2013년 1월 15일
초판 2쇄 발행 2014년 11월 5일

지은이	조영광
펴낸이	김진희
디자인	dreamdesign 신유정
펴낸곳	SniFactory
등 록	제 2013-000163호(2013년 6월 3일)
주 소	서울시 강남구 삼성동 157-3 엘지트윈텔2차 1608호
	www.snifactory.com / dahal@dahal.co.kr
전 화	02-517-9385
팩 스	02-517-9386

ISBN 978-89-96817-55-0 03040

별난 수의사 영광이의 무한도전

수의사, 길에서 청춘을 만나다.

글 **조영광**

다흘미디어

목차

CHAPTER3 살콤살벌, 까닥 잘못하면 죽을 뻔 했다니깐!

CHAPTER4 타인의 삶, 넌 행복하니?

|에필로그| 시작은 작은 빨간색 수첩 한권이었다.

아프니까 청춘이라고요?

아프니까 청춘이라는 말은 기성세대가 젊은이들에게 충고하기 위해 아름답게 미화시킨 그저 허울 좋은 자기 합리화일 뿐이다. 솔직히 그 분들이 느꼈던 아픔과 지금 이 땅을 살아가는 젊은이들이 느끼는 아픔은 그 정도가 다르다. "까불지 마라~ 우리들도 다 그 시절 겪었단다!" 하면서 은근슬쩍 넘기기엔 인간적으로 너무 힘들단 말이다. 적어도 그 세대에는 낭만이 있었다. 하지만 우리들은 낭만을 느낄 잠시의 여유조차 없다. 우리들은 골목에서 놀아본 적이 없다. 진지하게 미래를 상상해 볼 겨를조차 없다. 학교다, 학원이다, 그저 꾸역꾸역 바쁘게 뛰어다녀야만 했고, 잠시도 쉴 새 없이 뭐라도 해야만 했다.

지금 우리나라의 청소년들은 아프니까 청춘이 아니라 다들 그냥 아프다. 그것도 약간 아픈게 아니라 누구나 자살을 심각하게 고민해 본 적이 있을 만큼 무지무지하게 아프다.

왜 아플까? 요즘 아이들은 태어나서 배곯아 본 적 한 번 없고, 건국 이래 가장 풍요롭게 살아온, 그야말로 억세게 운 좋은 세대들이 분명한 데, 도대체 왜 이리도 아플까? 그건 아마도 스스로 지금 이 순간이 행복하지 않다고 느끼기 때문일 것이다. 그렇다면 왜 행복하지 않을까?

결국 『불확실한 미래를 위하여 현재를 투자해라』라는 말도 안 되는 아이러니에 길들여져 왔기 때문이다. 중·고등학교 때는 좋은 대학을 가기 위해, 대학시절에는 좋은 직장에 취직하기 위해 우리는 박 터져라 공부를 했고, 스펙을 쌓았고, 그것을 '열정'이라 불렀다.

이 땅의 청춘들은 항상 쫓기고 있다. 그저 남에게 뒤처질 새라 공부를 하고, 오로지 높은 성적을 위해 너무나도 잔인하게 옆에 있는 친구의 머리를 밟고 올라선다. 하지만 필요도 없는 스펙을 쌓아만 가는 건 밝은 미래에 대한 진정한 투자가 아니다. 그저 현실에 급급하고 나 자신을 갉아 먹는 낭비일 뿐이다.

또한 지금의 청춘들은 자신감이 없다. 자신감이란 많이 보고 느끼는 데에서 생겨난다. 부모의 등쌀에 떠밀려 스펙만 쌓아가서는 결코 자신감을 얻을 수 없다. 오히려 열등감만 생겨날 뿐이다.

나는 지금 행복한가?
언제까지 불확실한 내 미래에 투자를 해야 하나? 이런 삶이 과연 옳은 것일까?

혹시 오직 우리나라의 청춘들만이 이런 고민을 안고 살아가고 있는 건
아닐까?

　나는 다른 나라의 젊은이들은 과연 어떻게 살아가고 있는지 궁금했다.
그래서 세계여행을 떠났고, 수많은 외국의 빛나는 청춘들을 만나고 돌아
왔다. 그들은 생활환경이 그다지 풍족하진 않아도 항상 행복해 보였다.
왜냐하면 그들은 현재에 충실하고, 주어진 현실에 만족하며 즐기고 있으
니깐. 흔히 돈 잘 버는, 남들이 부러워하는 직업을 갖기 위해 우리나라
아이들의 개성과 꿈은 쉽사리 무시당하곤 한다. 하지만 내가 보고 듣고
느낀 다른 나라의 사람들은 전혀 다르게 생각하고 있었다. 현재가 즐겁
고 행복할 때, 남을 의식하지 않고 내 마음 속의 목소리에 귀 기울일 때
야말로 비로소 진정한 의미의 장래희망이 싹트고, 더욱 더 큰 행복을 느
낄 수 있는 것이다.

　이스라엘의 젊은이들은 남자는 물론 여자들까지도 군대를 가야만 한
다. 그리고 군복무의 의무를 마친 후에는 세계여행을 떠나는 것이 일반
화되어 있다고 한다. 그들은 여행지에서 보고 듣고 느낀 점들을 뒤에 따

라올 후배들을 위해 숙소의 게스트북에 상세한 기록을 남긴다. 나 역시
도 내가 느낀 모든 것들을 그저 나만 좋고 끝내는 것이 아니라 다른 누군
가에게 전해 주고 싶었다. 그리고 그 누군가는 이 책을 읽고 있는 당신,
치열한 경쟁 속에서 잔뜩 지쳐있는 바로 당신이 될 수 있기를 간절히 바
래 본다.

젊은이들이여! 스펙은 이제 그만. 우리 그냥 지금 행복하자.

2013년 1월

수의사 조영광

꿈꾸는
사람들은
눈부시게
아름답다

세계를
꿈꾸는 블루베어

탄자니아 세렝게티, 피할 수 없다면 즐겨라!

Tanzania

serengeti

～～～～～～～～～～

<u>일곱 명의 친구들이 있었다.</u>

사내아이 다섯에 계집아이 둘. 한동네에 살면서 어렸을 적, 치고 받으면서 숱하게 다투기도 많이 했지만, 끈끈한 우정을 고이 간직한 채 무려 20년 동안을 함께 커 온 불알친구 같은 아이들이다. 그렇게 스무 살이 되던 어느 날, 그들은 한 자리에 모였다. 어렸을 적 꾸었던 꿈을 실현시키기 위해, 전 세계적으로 유명한 〈헬로키티〉를 능가할 멋진 캐릭터를 만들어 내고야 말겠다는 야심찬 계획의 토대를 쌓기 위함이었다. 이미 예전부터 아이템은 정해져 있었다. <u>〈블루베어!!〉</u>

영하 30~40도를 넘나드는 추운 극지방에 살면서 빙하를 깨고 물고기를 잡아먹을 것만 같은, 왠지 모르게 신비한 상상 속의 동물이다.

그들은 그날부터 철부지 어린 꼬마들의 머리 속에서만 존재하던 블루베어를 구현하기 위한 작업에 착수했다. 유달리 그림 그리는 걸 좋아하던 친구가 스케치북에 그림을 그렸고, 옷 만드는 걸 좋아해서 의상 디자인을 전공한 친구가 작고 귀여운 파란색 곰 인형을 만들었다. 컴퓨터 프로그래머가 꿈인 친구가 블루베어의 홈페이지를 만들었고, 끄적끄적 글 쓰는 걸 좋아하던 친구가 블루베어를 주인공으로 이야기를 써내려갔다. 남달리 활동적이고 사람 만나기를 좋아했던 두 친구는 세계를 돌아다니며 블루베어를 알리기로 했다. 그렇게 일곱 명의 개구쟁이 친구들의 미약했던 꿈은 작은 한발을 내딛고 있었다.

아프리카 탄자니아에서 만난 일본 친구 차크와 코는 광활한 세렝게티 초원을 배경으로 한손에는 블루베어 인형을 든 채 사진을 찍고 있었다. 블루베어의 시선으로 얼룩말과 코끼리에게 말을 걸었고, 때로는 흉폭한 사자와 표범에게 쫓겨 부리나케 도망치기도 했다. 작렬하는 뜨거운 태양 밑에서 블루베어는 짙은 파란색 땀을 뻘뻘 흘렸고, 시원한 사탕수수 주스 한잔에 더없이 흐뭇해했다. 차크와 코는 블루베어의 세계여행을 돕는 조력자일 뿐이었고, 그들은 그것이 자신에게 주어진 사명인 양 온 힘을 다해 임무를 완수해 나가고 있었다. 바오밥 나무 아래 앉아 흙먼지 잔뜩 묻은 샌드위치를 씹으면서도 차크와 코는 신나게 블루베어 이야기를 쏟아냈다.

"지금 우리는 이렇게 블루베어와 함께 여행하고 있어~ 이 사진들을 인터넷을 통해 일본으로 보내면 친구들이 블루베어 홈페이지에 올려주고 있지! 여행을 무사히 마치고 돌아가면 우리는 우선 게스트 하우스를 오픈할 생각이야~ 〈블루베어 게스트 하우스!!〉 거기에 찾아오는 세계 각국의 친구들에게 우리가 최선을 다해 서비스를 하면 각자 고국으로 돌아가게 되었을 때, 자연스럽게 우리의 블루베어를 홍보해 주겠지. 그렇게 입소문을 타고 유명해진 블루베어를 주인공으로 우리들은 애니메이션도 만들고, 캐릭터 사업도 벌일 꺼야! 그러면 언젠가는 우리와 같은 꿈을 꾸고 있는 또 다른 아이들이 전혀 색다른 새로운 캐릭터를 만들어 낼 수도 있지 않을까? 우리의 소중한 꿈이 고스란히 전해진다니! 그건 정말 생각만 해도 짜릿한 일이야~ 그렇지 않니?"

두 눈을 반짝반짝 빛내며 너무나 자랑스럽게 자신들의 꿈을 토해내고 있는 차크와 코를 보며, 난 진심으로 그들이 부러웠다. 그리고 한편으론 부끄러웠다. '내게 꿈이란 게 있었나? 아니면 평생을 함께 달려갈 만한 친구들이 있었나? 초·중·고등학교 시절 난 도대체 무엇을 위해 그렇게 아등바등 책상 앞에서만 살아왔던 거지?' 좋은 대학, 좋은 직장, 좋은 결혼… 우리의 어린 시절은 출발점에 선 경주마처럼 끊임없이 채찍질 당했고, 누군가에 의해 만들어진 꿈을 향해 달려가는 동안 또 다른 소중한 꿈을 포기해야만 했다.

이 시대를 살아가는 대한민국의 젊은이들은 모험에 약하다. 오로지 좋은 대학에 들어가기 위해 다람쥐 쳇바퀴 돌 듯 학교, 사설학원, 독서실만을 오가며 꿈 많던 십대 시절을 몽땅 다 바친다. 하지만 대학생활의 낭만을 미처 즐겨보기도 못한 아까운 청춘들은 토익, 토플 그리고 자격증 시험을 위해 또 다시 도서관에서 날밤을 지새우고 있다. 과연 무엇을 위해 그들은 그토록 눈물시린 젊음을 투자하고 있는 것인가?

막상 그들의 꿈은 소박하다. 아니, 어쩌면 더없이 획일화되어 있는 나머지 지극히 평범하기까지 하다. 판검사·의사·공무원·대기업 회사원·교사……. 흔히 말하길 몸 편하고 정리해고 당하지 않을 몇몇의 직업군만을 위해 머리 터져라 달려들어 경쟁하고 있는 것이다. 그들에게 묻고 싶다. 솔직한 그들의 심정을 듣고 싶다. 정녕, 그 직업이 당신이 평생토록 원해왔던 일인지, 자신이 가장 좋아하고 잘하는 일인지, 혹시 어렸을 적 간절히 꿈꾸었던 핑크빛의 그 무언가가 있지는 않았는지 말이다.

하지만 머리가 커질 만큼 커진 지금 이 순간, 사회 구조적인 시스템을 탓하거나 나 아닌 다른 누군가를 탓하고 싶지는 않다. 그렇다고 마냥 손가락 빨면서 그들을 부러워하고 있을 수만은 없지 않은가? 우리 한번 잠시만 걸음을 늦추고 순수했던 어린 시절로 돌아가 보는 건 어떨까? 조금 유치하긴 해도 누구에게나 어린 시절 품었던 꿈이 있었을 것이다. 낡은 책상 서랍 속 깊숙한 곳에 숨겨둔 비밀 일기장에 조심스레 적어두었던 그 〈꿈〉 말이다. 그렇다고 지금까지의 과거와 현재의 내 모습이 그 꿈과 일치하지 않는다고 해서 좌절할 필요는 없다. 우리에게는 내일이 있고 미래가 남아있기 때문이다. 우리의 인생시계는 아직 정오를 넘지 않았다. 무한한 가능성이 남아 있고, 중간에 포기하지 않는 한 꿈을 꿀 수 있는 시간이 충분히 남아있으며 또한 그 꿈이 한 여

세계를 꿈꾸는 블루베어

름 밤의 짧은 꿈이 아닌 나 자신의 인생을 걸고 끊임없이 닦아 나가야 할 그런 꿈일 수도 있기에…… 우리는 오늘과 내일을 살아가고 있는 것이다.

〈피할 수 없다면 즐겨라!〉 이 말의 참 뜻은 힘들고 괴로운 이 시기를 참고 견디라는 것이 아니라, 어린 시절 품었던 꿈을 향해 보다 적극적으로 한발 한발 내딛는 긍정적인 삶의 자세를 강조하는 말일 것이다

젊은이들이여~ 우리 다 함께 꿈을 꾸자!!

Have a dream!

세상에
그런 직업이 어디 있어?

인도 리쉬케쉬, 귀 파주는 청년

India

Rishikeshi

인도 델리에서도 북동쪽으로 약 12시간 동안 꼬박 버스를 타고 달려야만 도착할 수 있는 산골 마을. 리쉬케쉬는 그야말로 물 좋고, 공기 좋고, 산세가 좋아 조용히 요가를 수행하기에는 천혜의 자연조건이 갖추어진 곳이기도 하다. 아침 일찍 일어나 옥상에 올라가보면 여기저기에서 폭신한 매트리스 한 장 바닥에 깔고 가부좌를 튼 채 명상에 잠겨 있는 사람들을 쉽게 만날 수 있다. 그리고 마을 곳곳에는 수많은 아쉬람 요가를 배우기 위한 수련원들이 있어 언제 어느 때나 쉽게 요가를 접할 수 있다. 또한 리쉬케쉬는 여름 동안 히말라야 산 속에 들어가 하안거夏安居를 지냈던 힌두교 사두들이 내려와 겨울을 나는 곳이기도 해서 거리 곳곳에서는 꽤 쉽게 그들을 만날 수 있었다. 아마도 그들이 있었기에 리쉬케쉬가 요가의 본고장으로서 지금까지 명맥을 유지할 수 있었을 것이라는 생각을 조심스레 떠올려 본다.

하지만 지금은 너무나 많은 어중이떠중이 관광객들이 찾아 들어(물론 나도 포함된) 사람들로 끊임없이 북적거리고 갖은 상술이 판치는 어정쩡한 관광지가 되어버렸다. 거기에 한층 더해 마리화나, 해시시 같은 마약을 쉽게 구할 수 있고, 마음껏 즐길 수 있는 곳이라는 이상한 소문까지 퍼져 세계각지의 마약 중독자들까지 모여들고 있으니 그저 안타까울 따름이다.

오전에 나름대로의 요가수행(?)을 마치고 한가로이 마을 구경에 나섰다. 강변을 따라 걸으며 빨래하는 아낙네의 방망이 소리에 귀 기울여 보기도 하고, 성스러운 물을 머리에 끼얹으며 연신 중얼중얼 거리는 힌두교 수행자의 모습을 훔쳐보기도 했다. 그러던 중 누군가 내 어깨를 툭툭 두드리길래 깜짝 놀라 뒤돌아보니 형광 핑크색 빵모자를 머리에 얹고 조그마한 나무 가방을 어깨에 두른 청년 하나가 서 있는 것이 아닌가.

"손님~ 혹시 귀 청소 한번 안 하실래요? 보아하니 꽤 오랫동안 못하신 것 같은데 제가 진짜 시원하게 해 드릴게요~ 한번 믿어 보시라니깐요!"

나름대로 구색은 제대로 갖췄다. 그 옛날 구두닦이 소년이 어깨에

메고 다니던 것과 비슷한 크기의 화려하게 치장된 나무상자에는 하얀 페인트로 큼지막하게 〈Best Ear Cleaning〉이라는 글자가 새겨져 있었다. 뚜껑을 열어보면 크기와 모양이 다양한 서너 개의 알루미늄 귀이개와 깨끗하게 다듬어진 면봉들이 나란히 정렬되어 있고, 귓털을 정리하기 위한 작은 가위와 가위집, 혹시 모를 출혈에 대비한 빨간약과 알콜솜, 몇 개의 연고와 하얀 탈지면까지…… 이 정도면 가히 웬만한 외과 수술도구 가방에 견주어도 그다지 손색 없다고 할 만큼 깔끔하게 정리되어 있었다. 그 모습이 믿음직스럽기도 하고, 재미있기도 해서 큰 맘 먹고 한 번 받아보기로 했다.

버스럭버스럭, 뭉뚝하게 구부러진 알루미늄 귀이개가 귓속을 들락날락 할 때마다 바싹 마른 귀지가 후두둑 쏟아져 나온다. 이렇게 커다란 덩어리가 내 귓속에 있었다니 도저히 믿어지지 않지만, 귀에 꼽은 하얀 탈지면과 야물딱진 입매가 인상적인 청년은 고도의 집중력을 발휘하여 연달아 대어를 낚아 올린다. 하아아~ 입에서 절로 감탄사가 흘러나오고 저절로 감긴 두 눈 속에서 느껴지는 간질간질한 촉감은 한없이 기분 좋게 느껴진다. 마치 뚜러뻥으로 시원하게 뚫은 화장실 변기통마냥 마음속 깊은 곳에서부터 쾌적함이 밀려 올라온다. 때론 부드럽게 때론 날렵하게, 어쩌면 이렇게 시원 깔끔하게 귓청소를 할 수가 있는지 원~. 귀이개를 다루는 손놀림이 마치 펜싱선수의 칼끝마냥 날카롭고, 한번 사정거리에 들어온 목표물은 한 치의 오차도 없이 겨냥해서 끄집어낸다. 그야말로 신의 솜씨가 따로 없다.

한참을 그렇게 귀 파주는 청년에게 몸을 의탁하고 행복의 꿈나라를 헤매던 와중, 그러고 보니 어디선가 얼핏 이상한 이야기를 들은 적이 있는 것도 같다. 인도의 길거리에서 지나가는 사람들을 상대로 귀를 파주고 돈을 받는 사내들의 꼼수 이야기. 귀신도 눈치 못 챌 손놀림으로 소매 속에 미리 숨겨뒀던 커다란 귀지 덩어리를 꺼내서……

"아이구~ 이렇게 커다란 귀지가 귓속에 들어 있었는데 우째 살았데? 가렵지도 않아? 이참에 아유르베다 오일로 귀 청소 한번 해~ 내가 특별히 싸게 해줄게~ 응?"

……하며 살살 꼬드기는 수법 말이다. 물론 이런 저런 옵션이 붙어 금액이 커지기도 하고 때론 거액의 마사지까지 곁들여지기도 한다던데, 모~인도에서 이런 정도의 눈에 뻔히 보이는 사기는 충분히 귀엽게 봐줄 수 있다는 생각이 들었다. 더군다나 땡볕이 내리쬐는 한낮에 땀을 뻘뻘 흘려가며 열심히 자신의 본분을 다하는 청년의 모습은 되려 숭고해 보이기까지 했다. 자신의 직업에 대한 자존심과 긍지가 느껴지는 모습에 감탄이 절로 나왔다. 물론 그 광경이 약간은 어이가 없게 느껴져 나도 모르게 입가에 슬며시 미소를 짓긴 했지만 말이다. 오히려 끝나고 팁까지 조금 덧붙여 손에 쥐어줄 만큼 예상 외로 귀 파주는 사내의 솜씨가 탁월했고 기대이상으로 개운했다.

세상엔 수많은 직업들이 존재한다. 사회적으로 존경받고 인정받는 판검사 · 의사 · 변호사 · 선생님같은 직업도 있고 일반적인 회사원 · 공무원 · 은행원 · 자영업자들도 있다. 때론 소방관이나 경찰관처럼 위험하고 힘든 직종에 종사하시는 분들도 있다. 흔히들 "직업엔 귀천이 없다"라고는 하지만 현실적으로 어쩔 수 없이 호불호가 갈리는 것이 기실 아니겠는가? 누구나 편하고 돈 잘 벌고 깨끗한 일을 하고 싶어 하는 게 당연하지만, 사서 고생은 치기어린 핏덩어리들이나 하는 거라는 생각이 요즘 젊은이들의 저변에 깔려 있다. 현재 우리나라의 청년 실업률이 9%를 상회하고 있다고 한다. 캥거루족·니트족 등의 신조어들이 하루가 다르게 생겨나고, "인생은 한방"이라며 일확천금의 요행만 바라거나 무기력하게 하루하루를 보내고 있는 젊은이들을 쉽게 찾아볼 수 있다.

하지만 인도에서 만난 이 청년은 무언가 달라도 많이 달랐다. 솔직히 남의 귀를 파주는 일이라는 직업에 대해 처음 듣는 사람들은 크게 웃음을 터트릴 지도 모른다. "그런 게 어딨냐고, 내 평생 그런 웃기는 직업은 처음 본다고!" 솔직히 나부터도 그랬으니깐. 하지만 그 청년의 진지한 표정과 이마에 송골송골하게 맺힌 땀방울, 그리고 도구상자의 깔끔한 정돈상태를 보게 된다면 그 누구라도 귀 파주는 직업을 무시할 수는 없을 것이다. 자신의 직업에 대한 자긍심이야말로 세상을 진지하게 살아감에 있어 가장 중요한 덕목 중의 하나가 아닐까?

밤이 깊었다. 희미한 불빛아래 타닥타닥 자판 두드리는 소리를 가만히 듣고 있자니, 갑자기 귓속이 간질간질 오묘한 느낌이 든다. 지금 그 무엇보다도 내겐 귀 파주는 청년의 귀이개가 간절히 필요하다. 아마 이 순간에도 그 친구는 여전히 강변을 걸어 다니며 사람들의 귓바퀴만 쳐다보며 살아가고 있겠지? 진심으로 귀 파주는 청년의 행복을 빌어본다.

불가촉 천민들의 삶

예로부터 인도에는 〈카스트 제도〉라 불리는 철저한 계급제도가 존재했다. 브라만^{성직자} / 크샤트리아^{왕, 무사, 귀족} / 바이샤^{평민} / 수드라^{노비, 천민} 라는 계급제도는 힌두교와 함께 인도의 역사에서 떼놓을 수 없는 불가분의 관계를 맺고 있다. 하지만 이런 네 가지의 계급에 조차 속하지도 못하는 이들이 존재하는데, 그들이 바로 인도 전체 인구의 약 35%를 차지하는 불가촉 천민들이다.

불가촉^{不可觸}, 말 그대로 접촉하는 일 자체가 허락되지 않는 더럽고 천한 존재. 그들은 주로 거리에서 구걸로 생계를 이어가거나 직업을 가져도 굉장히 힘들고 어려운 일들만을 골라서 담당한다. 심지어 고된 생을 마친 후조차도 신성한 갠지스강에서 화장될 수 있는 자격이 주어지지 않기 때문에 야심한 밤을 틈타 육신 그대로 강물에 던져지곤 한다고 한다.

하지만 흥미로운 사실은 불가촉 천민들은 스스로를 그다지 불행해 하지 않는다는 것이다. 힌두교의 윤회사상을 믿는 인도에서 오히려 그들은 지금 이 생에서 많은 고통을 받았기에 다음 생에는 훨씬 더 나은 존재로 다시 태어날 것이라는 믿음을 갖고 살아가기 때문이다. 그들은 구걸을 할 때조차도 당당하다. 예를 들면, 가령 누군가 구걸하는 자신들에게 돈을 주지 않았을 땐 "어째서 너는 내가 너에게 선행을 베풀 수 있는 기회를 줬는데도 그 기회를 잡지 않느냐?"며 어이가 없다는 표정을 짓곤 한다. 이런 그들의 삶의 태도는 사실 우리의 상식으로는 도저히 이해 할 수가 없다.

근대에 들어서면서 인도의 아버지이자 마하트마^{위대한 영혼}로 불리는 모한다스 간디^{1869~1948}에 의해 카스트 제도는 공식적으로 철폐되었다. 하지만 지금까지도 카스트가 다른 연인과는 결혼을 해서는 안 된다는 관습이 철저하게 지켜지고 있을 만큼 수천 년 간 이어진 카스트 제도는 결코 쉽게는 사라지지 않을 듯 여겨진다.

p.s. 혹시 알고 있는가? 인도에서 외국인은 전부 불가촉 천민으로 분류
된다는 사실을…… . -.-

~~~~~~~~~~

꿈을 이룬
사오리의 발바닥은 딱딱했다!

아프리카 나미비아, 당신에겐 꿈이 있었나요?

Africa

Namibia Desert
나미브 사막

~~~~~~~~~~~

사람은 누구나 꿈을 꾼다.

　학창시절 부모의 손에 의해 반강제적으로 쓰여진 학생기록부, 그 속에는 언제나 취미와 특기, 그리고 장래희망을 적도록 되어있는 작은 공란들이 있었다. 어떤 아이는 초·중·고 내내 같은 꿈(예를 들면 과학자나 의사, 판검사 같은……)을 써내기도 했지만 대부분의 아이들은 고사리만 한 손에 연필을 쥐고 매년 매번 다른 꿈을 적어내곤 했다. 그리고 그 범주는 문과 이과를 초월해서 상상할 수 있는 그 모든 것들을 넘나들기 일쑤였다. 소설가·화가·축구선수·만화가 그리고 대통령까지도…… 적어도 거기에는 동심이 살아 숨 쉬고 있

꿈꾸는 사람들은 눈부시게 아름답다

었고, 수줍게 장래희망의 네모 칸을 채우는 아이의 설렘이 담겨 있었다. 그녀는 아마 그곳에 아프리카에서 동물과 함께하는 미래의 모습을 적어내지 않았을까?

이곳은 아프리카 나미비아의 나미브 사막, 세상에서 가장 높은 모래언덕인 Dune 45가 있는 곳이다. 신이 지구에 물감을 칠하는 과정에서 다른 지역에 너무도 많은 푸른색을 쓴 나머지 이곳을 칠하게 될 즈음에는 누런색 밖에 안 남았고, 결국 어쩔 수 없이 이곳에 전부 칠하고 말았다는 재미있는 전설이 전해지는 곳. 그만큼 국토 전반에 걸쳐 황금빛 사막이 광활하게 펼쳐져 있다.

그녀의 첫인상은 강렬했다. 사막을 지키는 사람답게 머리끝부터 발끝까지 모래빛깔의 누런색 옷을 입은 그녀는 화장기 하나 없는 수수한 모습으로 우리 앞에 나타나 너무나 활기차게 (조금은 시끄러울 정도로) 자기소개를 시작했다.

"안녕하세요~ 여러분! 이곳 나미브 사막을 방문해 주신 여러분들을 진심으로 환영합니다! 저는 나미브 사막을 지키고 보호하는 일을 담당하고 있는 파크 레인저 사오리입니다! 반가워요~"

그녀는 맨발이었다. 12년 전 일본을 떠나 세계 곳곳을 돌아다니다가 우연하게도 이곳까지 오게 되었고, 운명적으로 자신에게 주어진 사명을 깨달아 그 후로 쭉 사막에 살면서 자연스럽게 사막 가이드라는 직업을 갖게 되었다고 했다. 그녀는 언젠가부터 신발을 신지 않게 되었다. 이제는 맨발로 다니는 데에 적응이 되어 버려서 오히려 신발을 신는 게 어색하다고 했다. 사실 사막과 함께 호흡하면서 신발이야말로 그 어떤 것보다도 불필요한 것이었음이 분명하다. 태초에 인간이 만들어졌을 때 과연 발바닥이 지금의 우리들과 같이 약하고 보들보들 했을까? 아마도 뜨거운 사막을 맨발로 종횡무진 뛰어다니는 사오리의 발바닥처럼 거칠고 딱딱하지 않았을까? 문명의 이기를 당당히 거부할 줄 아는 그녀의 용기가 괜스레 부러워지는 순간이다.

많은 일들이 있었다고 한다. 그저 사막이 좋고, 동물이 좋고, 사람들이 좋아서 잠시 머무르게 된 이곳 아프리카 대륙, 솔직히 자기 스스로도 이렇게 오랫동안 정착하게 될 줄은 꿈에도 몰랐다고 한다. 이방인의 서러움에 매일 밤을 눈물로 지새우기도 했고, 지독한 외로움과 향수병에 몸부림치기도 했다고 한다. 몇 해 전에는 말라리아에 걸려 심한 홍역을 치루기도 했고, 몇 번인가는 극심한 식중독으로 사경을 헤매기도 했단다. 하지만 그녀의 표정은 누구보다도 밝았고, 목소리는 누구보다도 우렁찼다. 발목까지 푹푹 빠지는 모래사막을 그녀는 누구보다도 빠르게 뛰어다니다시피 했다. 그녀는 말했다.

"이 곳 나미브 사막에는 수십, 수백만 종류의 동식물들이 살고 있어요. 그들에게 물 한 방울이 갖는 의미는 각별하답니다. 예를 들면 해가 뜨기 직전 이슬이 맺히는 그 순간만을 기다리며 몇 시간이고 거꾸로 물구나무를 서는 풍뎅이가 있어요. 반들반들한 등딱지에 맺혀 있다가 또로록 하고 떨어지는 한 방울의 이슬을 받아먹으며 그들은 하루하루를 열심히 살아가고 있는 거죠. 그런가 하면 혹시 사막의 도마뱀이 앞

다리와 뒷다리를 한쪽씩 번갈아 가며 드는 걸 보신 적 있나요? 이건 한낮의 뜨거운 태양으로 인해 사막의 표면온도가 80도 가까이 치솟기 때문에, 그 살인적인 열기를 피하기 위한 방법 중 하나랍니다. 이렇듯 제아무리 척박한 환경일지라도 그 속에는 진화와 적응이라는 과정을 통해 꿋꿋하게 살아남는 존재들이 있기 마련이에요. 어떻게 보면 제 자신도 그 중의 하나가 될 수도 있겠네요. 전 지금 너무나 행복하거든요. 나미브 사막을 지키고 보호하면서 많은 분들께 알릴 수 있는 이 직업에 큰 보람을 느끼고 있답니다. 물론 고향이 그립고, 가족들이 보고 싶을 때도 있죠! 그렇지만 여기에서도 수많은 친구들을 만났고 저는 그들 모두를 너무너무 사랑해요. 가끔씩 바비큐 파티가 벌어지는데 거기서 먹는 고기가 얼마나 맛있는지 여러분들은 상상도 못할 거예요~ 정말 끝내줘요!"

꿈을 이룬 사오리의 발바닥은 딱딱했다!

그 순간, 나미브 사막의 뜨거운 햇살과 거친 모래바람에 그을린 그녀의 얼굴이 반짝반짝 빛나고 있는 것을 볼 수 있었다. 대한민국에서 김연아나 반기문 유엔 사무총장이 사람들의 관심과 존경을 받는 이유는, 아마도 그들이 '태초의 꿈'을 이룬 몇 안 되는 사람이기 때문일 것이다. 대부분의 평범한 우리들은 바쁘게 사느라 어린 시절의 꿈이 무엇이었는지조차 잊어버렸거나, 현실과 타협하느라 꿈을 적당히 포기, 혹은 절충하면서 살고 있다. 나 역시 마찬가지다. 처음 수의대를 선택했을 때만 해도 '멸종 위기 야생동물을 살려 보리라'는 뭔가 '거창한' 사명감을 갖고 있었다. 그런데 수없이 많은 과제와 시험 속에서 헤매는 사이, 어느 새 그런 꿈이 있었는지도 가물가물해져 버렸다. 그런 내게 태초의 꿈을 상기시켜 준 사람이 바로 사오리였다. 그녀의 어린 시절 꿈은 아마도 척박한 아프리카 사막을 자유롭게 뛰어다니며 동식물과 함께 생명을 공유하는 파크 레인저가 아니었을까? 그리고 현재, 그녀는 누구보다 행복하게 자신의 꿈을 현실로 만든 승리자다.

흐뭇한 엄마 미소를 지으며 그녀를 보고 있자니, 내게도 멸종 위기에 처한 야생 동물을 지키는 '레인저'가 되는 게, 왠지 마냥 '꿈'으로 그치지만은 않을 것 같은 용기가 생긴다.

Park Ranger

쿠마리,
그녀의 일기

네팔 카트만두, 살아있는 여신을 만나다

Nepal

Kathmandu ●

~~~~~~~~~~~~~~~~~

부스스…….

　화려하게 치장된 침대에서 억지로 몸을 일으킨다. 근 10여 년간 매일같이 시중을 들어온 샤샤 할머니가 따끈하게 데워진 목욕물을 담아 침대 머리맡에서 기다리고 있다. 오늘따라 유달리 꼼꼼하게 내 몸을 씻겨주는 걸 보니 무슨 특별한 일이 있나 보다. 아~ 오늘이 그 날이구나. 올해의 마지막 외출일. 불과 한 시간 남짓한 수박 겉핥기식 바깥나들이지만 오늘이 지나면 내년 봄이 찾아올 때까지 꼬박 서너 달은 좁은 방에 갇혀 지내야만 한다. 가끔씩 샤샤 할머니 몰래 창밖을 훔쳐 내

다볼 때마다 더르바르 광장을 뛰노는 또래 친구들의 모습이 참으로 부럽다. 나도 때로는 친구들과 뛰놀고 싶고, 시장에서 가서 군것질도 하고 싶고, 학교에도 가보고 싶은데…… 그런 평범한 자유란 내겐 그저 꿈같은 일일 뿐이다. 사실 나는 바깥 광장의 땅을 직접 밟을 수조차 없다. 아무리 가까운 거리라도 어딘가를 갈 경우엔 가마를 타거나 아버지한테 업혀서 이동해야만 한다. 신은 일반인들이 다니는 천한 땅을 디뎌서는 안 된다는 것이 그 이유다. 내 생각엔 아무런 문제가 없을 것 같은데 다들 왜 그리도 호들갑을 떨어대는지 솔직히 난 잘 모르겠다.

잠시 딴 생각에 빠져있는데 미용사가 슬그머니 문을 열고 들어온다. 핏빛같이 새빨간 립스틱과 꼬리가 길게 이어진 짙은 흑색의 눈 화장, 두터운 분칠 밑에서 나는 흐느끼고 있다. 마음껏 소리 내어 울 수조차 없다. 조금이라도 눈물을 떨구는 게 들통 나는 날이면 난 그날로 쫓겨나게 될런지도 모른다.

10년 전 그날도 그랬다. 불과 네 살의 나이였던 난 영문도 모른 채 아버지의 손에 이끌려 어두컴컴한 집 안으로 들어갔다. 홀로 남겨진 뒤 서서히 어둠에 눈이 익어갈 때 쯤, 사방에 널려있는 죽은 동물의 사체들에서 뿜어져 나오는 역한 기운이 나를 덮쳤다. 너무나 큰 공포심에 숨조차 제대로 쉴 수가 없었지만 소리를 내거나 우는 건 내게 허락되지 않았다. 그렇게 벌벌 떨면서 하룻밤을 보내야 하는 것이 통과 의례였고, 난 훌륭히 그 시험을 치러냈다.

그 후로, 난 이 나라의 신이 되었다. 모든 백성들이 나를 우러러 보았고, 내 손짓 하나에 사람들은 눈물을 흘렸다. 내 말은 그대로 법이 되었다. 심지어 이 나라의 국왕마저도 일 년에 한 번씩 나를 찾아와 경외심 가득한 눈빛으로 무릎을 꿇고, 머리를 조아리며 국가와 민족에 대한 영원한 은총을 갈구했다. 솔직히 내게 그러한 힘이 있는지는 나 자신도 모른다. 그저 어려서부터 그렇게 배워왔고 응당 그래야 한다고 생각해 왔을 뿐이다. 하지만 나는 알고 있다. 올해로 내 나이 13살. 아마도 내게 남아있는 시간은 고작 1년 남짓…… 초경이 시작되는 그날, 나는 철저하게 버려질 것이다. 내가 누렸던 권력, 지위, 역할, 특권, 심지어 샤샤 할머니를 비롯한 모든 하인들마저도 하루아침에 마치 신기루마냥 사라져 버릴 것이다.

나에게 선택권이라곤 없다. 그저 쫓겨날 뿐. 나를 받아주는 곳도 없다. 그 날부터 난 재앙의 씨앗이자, 가까이 해서는 안 될 더러운 존재로 낙인찍히게 된다. 심지어 나랑 결혼하는 남자는 피를 토하며 단명한다고 해서 당당하게 혼인식마저도 치룰 수가 없다. 이전 선대들은 결국 고향과 가족들에게서조차 버림받고 매음굴을 전전하다 젊은 나이에 생을 마감하곤 했다고 한다. 그게 진짜인지 가짜인지, 그런 건 중요한 게 아니다. 그저 그 날부터 이 세상에 내가 존재할 공간 따위는 없다는 사실이 점점 더 내목을 조르고 있을 뿐이다.

그렇다. 이 세상에서 유일하게 살아있는 여신, 나는 쿠마리다.

잔뜩 흐트러진 마음을 애써 가라앉히고 한껏 치장된 가마에 올랐다. 천천히 밖으로 나가니, 이른 새벽부터 광장에 모여 오매불망 내가 밖으로 나오기만을 기다리고 있던 수많은 인파들이 한꺼번에 커다란 함성을 질러대기 시작한다. 순식간에 아비규환, 그야말로 전쟁터를 방불케 하는 엄청난 소란이다. 어떻게든지 내 얼굴을 단 한번만이라도 보기 위해, 나와 눈이라도 한 번 맞춰보기 위해 사람들은 괴성을 지르며 달려든다. 그럴 때마다 난 매번 공포심에 휩싸이지만, 차마 겉으로 드러낼 순 없다. 알 듯 모를 듯, 만면에 신비로운 미소를 띤 채 사람들을 하나하나 내려다보는 것이 나의 역할이자, 내가 할 수 있는 전부다.

그 순간, 내 고귀한 모습을 보면서 황홀해하는 군중들의 면면 사이로 얼핏 무언가 낯선 얼굴이 눈에 들어왔다. 나를 꿰뚫어 보는 듯 한 눈빛, 짙은 화장 아래 숨어 있는 비밀스런 눈물을 누구보다도 잘 알고 있다는 듯 한 눈빛, 심지어 상처투성이인 내 마음을 이해하고 뿌리 깊은 슬픔을 손수 어루만져 주겠다는, 감히 신의 절대적인 권위에 도전하고 있는 듯 한 눈빛을 보내는 저 남자는 과연 누구란 말인가? 불과 찰나의 순간이었지만 내게 아무것도 바라지 않고 오직 순수하게 안타까움의 감정으로만 똘똘 뭉쳐 있던 남자의 마음은 더 없이 생생하게 나에게 전해졌고, 아마도 그 남자 역시 순간적으로 와르르 허물어진 내 마음을 쉽사리 읽었으리라 생각된다. 타국에서 온 이방인인 게 분명한데, 과연 어떻게 그런 일이 벌어질 수 있는지는 잘 모르겠다. 순식간에 인파 속으로 사라져 버린 그 남자의 흔적 뒤로, 난 아무것도 바뀌지 않은 현실 속에 또 다시 갇혀 기계적으로 거룩한 미소만 숱하게 뿌려대는 것 말고는 아무것도 할 수 있는 게 없다. 하지만 희미하게나마 남아있는 그 남자의 잔향은 아마도 지옥 같은 내 삶에 한 줄기 바람이 되어 나를 영원히 위로해 주리라 믿어본다. 훗날 어디에선가 다시 만나게 되길 진심으로 기대하며…….

Kumari

태양을 닮은
소년

멕시코 뿌에르또 에스꼰디도,
여행의 목적을 깨닫게 해준 하이메

Mexico

Puerto Escondido

~~~~~~~~~~~~~~~~

여기는 하얀 모래사장이 널찌감치 펼쳐져 있는 뿌에르또 에스꼰디도Puerto Escoondido. 하얀 바탕의 담벼락에 푸른색 글씨로 커다랗게 D'Carlos Hotel 이라고 쓰여 있는 (하지만 호텔이라고 하기엔 조금은 민망한) 해변의 작은 여관. 한 손엔 코코넛 야자수 한 통을 들고 다소 따갑게 느껴질 정도로 내려쬐는 햇살 속에 한가로이 해먹에 드러누워 간만에 찾아온 여유를 만끽하고 있다. 더 이상 부러울 게 없다. 평생 이렇게 살 수만 있다면…….

문득 인기척이 느껴진다. 가느다랗게 눈을 뜨다 햇살이 눈부셔 손을 들어 그림자를 만든다. 손가락 사이를 비집고 들어오는 눈부신 햇살 속으로 까무잡잡한 얼굴에 눈의 흰자위가 유난히 돋보이는 한 소년이 들어온다.

"헤이~ 치노!동양인이라는 뜻 같이 수영하러 갈래?"

이름은 하이메. 나이는 10살.

그렇게 갑자기 나타난 녀석이 반 강제로 날 이끌고 간 곳은 마치 만화에 나오는 태양의 아즈텍 문명 바로 그 자체! 뜨거운 태양이 작렬하는 가운데 거의 벌거벗다시피 한 꼬마 아이들이 언제, 어떻게, 누구에 의해서 만들어 졌는지도 모를 투박하고도 기묘한 돌다리 위에서 연신 바다로 뛰어들고 있다. 그야말로 눈이 휘둥그레질 만한 장관이다.

하지만 잠시 후 마치 무언가에 홀린 듯, 나 역시 아이들 속에 휩쓸려 바다로 뛰어들고 있었다. 그 곳은 문명세계와는 거리가 먼 순수한 동심으로만 가득한 장소다. 언어의 다름도, 생김새의 다름도, 하물며 살아온 세월의 다름까지도 아무런 걸림돌이 되지 못한다. 커다란 물안경을 빌려 쓰고 들어간 시커먼 바다 속엔 다닥다닥 바위에 붙어있는 성게들의 군락과 형형색색의 열대 물고기들, 그리고 그 동안 수많은 아이들의 품에서 떨어졌을 법한 열쇠와 안경, 퍼렇게 녹슬어버린 동전들까지도 볼 수 있었다. 모든 것이 신기하고 꿈만 같다.

그렇게 내게 태양의 장소를 선사해준 하이메가 이튿날 아침, 갑자기 내 카메라에 관심을 보이기 시작했다. 지금까지 찍어왔던 사진들을 하나하나 보여주니 자기도 찍어보고 싶다며 카메라를 들고 바닷가를 향해 뛰어 나간다. 조금은 불안한 마음에 서둘러 따라 나갔다. 땅바닥을 찍고, 태양을 찍고, 야자수를 찍으며 처음에는 그야말로 괴발개발 아무렇게나 찍어댔다. 그런데 어느 새 조금씩 적응을 하기 시작한다. '호오~ 제법인데?' 왠지 재능이 보여 기본적인 구도와 빛 조절하는 방법을 간략하게 가르쳐 주었더니 이게 왠걸? 금세 멋진 사진들을 만들어냈다.

밑에 있는 사진이 하이메가 찍은 사진이다. 이게 과연 태어나서 처음으로 사진기를 잡아 본 10살짜리 꼬마아이가 찍어낸 사진 같은가!

너무나 놀랍기도 하고 대견하기도 해서 맨발로 하이메의 엄마에게 달려갔다. 스페인어가 딸리니 손짓발짓 다 동원한다.

by Jaime!

"하이메 어머니~! 하이메 어머니~! 이 사진들이 방금 전에 하이메가 찍은 사진들이에요! 농담이 아니에요! 진짜라구요~! 믿겨지세요? 하이메는 커서 반드시 훌륭한 사진작가가 될 수 있을 겁니다! 제가 장담할 수 있어요!"

솔직히 내 뜻이 제대로 전달되었는지는 잘 모르겠지만, 하이메를 향해 환한 미소를 지으며 고개를 끄덕이는 어머니의 모습을 보며 가슴이 뻐근할 정도로 벅차오르는 커다란 기쁨을 느낄 수 있었다. 비록 지금은 홀로 남은 엄마를 돕느라 제대로 교육도 못 받고 커가고 있지만, 순수한 하이메의 깊고 맑은 눈 속에서는 한줄기 확고한 희망의 빛을 발견할 수 있었다.

순간 무엇인가가 번뜩 뇌리를 스치고 지나간다. 10년 후, 20년 후에 하이메가 정말로 유명한 사진작가가 되어 인터뷰를 하게 된다면? 언제 사진기를 처음 손에 들었냐는 질문에 자신의 10살 때 인생의 목표를 심어주었던 한 동양인 청년을 기억해준다면?……

어릴 때 감탄을 안고 본 에드워드 양의 〈하나, 그리고 둘〉이 생각났다. 영화 속 어린 아이의 손엔 카메라가 들려 있었다. 아이는 사람들의 뒷모습을 찍고, 또 찍었다. 누구도 봐 주지 않을, 자신조차도 의식하지 못했을 뒷모습을. 내게도 그렇게 처음 카메라를 잡았을 때가 있었다. 손에 쥐어지는 묵직한 감각, 찰칵거리는 소리, 눈에 보이는 것이 사각형의 프레임 속에서 전혀 다르게 보일 수 있다는 것을 알았을 때의 감격은 지금도 생생하다. 지금 나는, 그런 '처음'의 감격을 하이메에게 선물하고 있는 것이다.

소름이 돋는다.

한낱 나 자신을 위해 시작했던 극히 이기적이었던 내 여행이 어떤 한 인간의 인생에 굵은 획을 남길 수 있다는 사실…이건 너무나 짜릿한 일이 아닌가? 모두의 인생에 딱 한 번뿐인 '처음', 그 특별한 순간을 공유할 수 있다면. 그래서 누군가에게 인생의 특별한 순간을 함께 한 사람으로 기억되는 행운을 가질 수 있다면…….

다시 한 번 내 자신에게 물어본다.

내 여행의 목적이 무엇인가? 적어도 한 가지의 답이 나온 순간이다. 하이메야! 넌 나에게도 아주 큰 선물을 준 것 같구나.

태양을 닮은 소년

photographer Jaime!

by Jaime!

세상엔
별난
사람들이
참 많아!

괴짜
사두를 만나다!

인도 바라나시, 인생의 깨달음을 얻다

India

Varanasi ●

~~~~~~~~~~~~~~~~

"너 돈 있니?"
"응? 있어! 왜?"
"나 짜이 한잔만 사주라~!"
"……뭐라고?"

칠흑같이 어둡고 긴 적막 끝에 우리가 나눈 첫 대화다.

끈적끈적한 도시 바라나시. 날씨도 끈적끈적하고 사람들도 끈적끈
적하고, 심지어 뒷골목을 배회하는 소들마저 끈적끈적한 타액을 잔뜩

흘려댄다. "나 여기 지나가니 알아서들 비키쇼~! 빵빵~" 저절로 인상이 찌푸려질 만큼 신경을 거스르는 경적소리 속에 가뜩이나 좁은 골목길은 마치 물엿마냥 끈적끈적한 인파들로 북적거린다.

　새벽 5시 반, 그다지 부지런해야 할 이유가 있는 것도 아닌데 바라나시에서는 일찍 잠에서 깨어나곤 한다. 해가 미처 솟아오르지도 않은 어둑어둑한 골목길을 지나 갠지스 강가로 향한다. 딱히 날 기다리는 사람도, 꼭 만나야 할 사람이 있어 찾아가는 것도 아니다. 그저 시골 할머니가 서당나무 아래 마실 찾아가듯 습관처럼 갠지스를 찾는다.

　새벽녘의 갠지스 강은 신비한 분위기를 자아낸다. 뿌연 연무가 자욱이 깔려있는 강가에서 경건한 몸가짐으로 정성스레 목욕을 하는 사람들에게서는 표현할 수 없는 강한 에너지가 느껴진다. 힘이 넘치고 급변하는 에너지가 아닌 고요하고 정적이며, 보는 사람으로 하여금 왠지 빨려 들어갈 것만 같은 분위기가 느껴지는 기묘한 에너지. 그들은 평생, 아니 수천, 수 만년 동안 그렇게 똑같은 모습으로 살아왔을 것만 같다. 멍하니 가트'계단'의 힌두식 표현에 앉아 그들의 모습을 비추는 지독히도 탁한 갠지스 강의 흐름을 바라보고 있으면 시간 가는 줄 모른다.

　한 남자가 눈에 들어왔다. 길게 길러 바짝 뒤로 넘긴 새까만 머리와 턱이 하나도 안 보일 정도로 구불구불 제멋대로 엉킨 수염이 인상적이다. 도저히 나이를 가늠하기 힘든 외모. 유난히 검은 피부에 한쪽 어깨만 비스듬하게 걸친 하얀 가사가 제법 잘 어울린다. 노란색 겉옷을 곱게 접어 바닥에 깔고 제단 위에 앉은 자태부터 길거리에 숱하게 널려 있는 꼬질꼬질한 여타 사두들과는 뭔가 다른 내공이 느껴진다. 가부좌를 튼 채 깊은 명상에 빠져서 눈을 지그시 감고 합장한 그 자태에서 수도자의 경건함이 보인다. 하도 닦아대서 반짝반짝 윤기가 흐르는 스테인리스 그릇과 작은 컵 하나는 수도자의 반듯한 품성을 대변하는 것 같다. 끈적한 바라나시와는 달리, 청렴하고 경건한 분위기를 풍기는 남자다. 나는 오랜 인도여행 끝에 드디어 진정한 구도자를 만난 것이다.

'이 사내는 도대체 언제부터 여기에 이러고 앉아 있었을까?'

밑도 끝도 없는 호기심으로 결국 그의 곁에 털썩 주저앉았다. 나도 덩달아 가부좌를 틀고 그와 함께 깊은 심연의 명상 속으로 빠져든다. 물아일체物我一體, 무릉도원武陵桃源, 아아~ 산은 산이고 물은 물이로세……. 몸을 곧추세우고 맑은 정신을 유지한 채 한참 동안을 앉아 있자니, 명상은 개뿔. 솔직히 욱씬 욱씬 허리만 쑤시고 다리만 저릴 뿐이다. 슬며시 나온 하품을 입속으로 삭히며 실눈을 뜨고 옆에 앉아있는 스승님을 훔쳐보니, 호오~ 아직도 그 자세 그대로다. 30분쯤? 아니 1시간쯤 흘렀을까? 얘는 언제까지 이러고 있으려나. 너무 일찍 일어난 탓인지 어느새 졸음이 밀려와 깜빡 졸고 말았다. 나도 모르게 떨어지는 고개에 화들짝 놀란 자라마냥 번쩍 눈을 뜨고 주위를 둘러보니 스승님이 나를 빤히 쳐다보고 있다. 그러더니 내게 건넨 다정한 첫마디가 바로……. "너 돈 있니?"였다.

주머니에 몇 개의 동전이 들어있어, 마침 지나가던 짜이 장수를 불러 짜이인도식 차 두 잔을 사서 한 잔씩 사이좋게 나눠마셨다. 근데 정말로 간절하게 마시고 싶었나 보다. 흙을 엉성하게 빚어 만든 작은 토기잔에 담긴 짜이를 호호~ 불어가며 너무나 맛있게 들이킨 뒤, 꿀럭 꿀럭 헛트림까지 몇 번 해재긴다. 아까의 그 고고한 명상 자세와는 천지

세상엔 별난 사람들이 참 많아!

차이인 경박한 자태다.

　　그러던 사내는 갑자기 몸을 일으켜 그의 소중한 소지품 중 하나인 스테인리스 컵을 들고 갠지스 강가로 내려갔다. 잠시 후 사내는 한 컵 가득 갠지스 강물을 담아 마치 신주단지 모시듯 조심조심 들고 다시 제단 위로 올라왔다.

　　"설마 너 그 물 마실 꺼야?"

　　"응~ 이 물이 얼마나 맛있는데?"

　　"에이~ 장난치지 마! 그걸 어떻게 마셔? 그거 마시면 배탈 나~ 잘못하면 죽을지도 몰라!"

　　"응~ 나도 알아! 그래서 이렇게 물을 떠서 한참 놔두면 나쁜 것들이 죄다 밑에 가라앉거든! 그러면 위에 맑은 물만 따로 덜어서 마시면 돼~ 그럼 안 아파!"

　　헉! 그게 말이 되냐구? 갠지스강물이 어떤 물인데? 시체가 둥둥 떠다니고, 온갖 오물과 동물 배설물이 한데 섞여있는, 한눈에 딱 봐도 엄청 탁한 똥물인데……. 소문에 의하면 몇 년 전 치기어린 일본 청년 하나가 용감하게도 강물 속에 몸을 담갔다가 이름 모를 병으로 한 달간 시름시름 앓았다는 전설 같은 일화가 전해지는 그 갠지스 강인데……. (앞 골목에 사는 보트보이는 물밑에서 솟구쳐 오른 10미터도 넘는 거대 물고기 괴물을 직접 목격했다고도 했음) 저 물을 그냥 저렇게 마셔도 정말 괜찮단 말야? 그래! 백번 양보해서 워낙 성스러운 물이라고 하니 들어가서 목욕하고 그런 것까지는 괜찮다 이거야! 근데 솔직히 마시는 것까진 아니잖아~ 이건 진짜 너무한 거 아냐? 어휴~

근데 아무리 말려도 사내는 끝끝내 "노 프로블럼No Problem"이란다. 평생 그렇게 이 물 마시면서 살았단다. 그래도 배탈 한번 난적 없다는데 할 말 다했지 뭐! 사내는 결국 깨끗하게 한 컵을 비웠다. 내가 하도 기겁을 하니깐 마치 이빨 닦는 것처럼 우루루루~ 까지 한 뒤, 꿀꺽 삼키고 나서 자랑스레 입을 아~ 벌려 확인까지 시켜줬다. 아~ 징한 놈……

그는 경박한 자세로 스테인레스 컵을 윤기 나게 싹싹 닦더니 다시 예의 경건한 자태로 명상에 들어갔다. 지금까지 봐 온 날라리 구도자와는 차원이 다른 구루를 만났다며 내심 기대했는데 막상 대화를 나눠 보니 빵 뜯어서 짜이나 얻어먹고, 갠지스 강물로 입가심을 하는 괴짜 녀석이었다. 옛다, 그놈의 명상 너나 많이 해라!

엉덩이를 툭툭 털고 자리에서 일어서려고 하는데 녀석이 눈을 감은 명상 자세 그대로 입을 열었다.

"마음을 닦아. 그러면 저 강이 더 이상 더럽게 보이지 않을 거야."

녀석의 말소리가 나지막해서 잘 들리지 않았다. 몸을 가까이 가져갔다.

"뭐라구?"
"저 강이 안고 있는 건 생명이야. 인간과 동물의 오물, 시체 썩은 물, 온갖 미생물이 득실거리는 물이 오염 덩어리라고 생각하지? 그건 오염이 아니라 살고자 하는 몸부림이야. 저 강이 더러워 보이는 건, 네 마음이 더럽기 때문일 거야."

마치 커다란 망치에 얻어맞은 듯, 그저 멍하니 사내를 바라보았다. 순간, 이 큰 세상 속에 그와 나 둘만 있는 것만 같은 착각이 들었다. 그 더럽던, 아니 더럽다고만 생각했던 인도 바라나시가 마치 천국과도 같이 깨끗하고 하얀 순백의 세계로 느껴졌다. 과연 무엇이 더러운 것인가? 화장실의 쓰레기통이 더러운가? 손가락을 빠는 아이가 더러운가? 아니면 한 표 찍어 주십사 바라는 선거판의 검은 돈 봉투가 더러운가? 앞에서는 환하게 웃다가도 뒤에서는 손가락질하며 흉을 보는 이중성은 어떠한가? 평생토록 '종심소욕 불유구_{從心所欲 不踰矩}'하지 못한 마음의 찌꺼기가 더러운가? 오물로 가득 찬 시궁창에 머리를 처박고 쓰러져 있던 걸인을 일으켜, 얼굴을 파먹어 들어가는 구더기들을 손수 입술로 하나하나 떼어내시던 마더 테레사 수녀님의 헌신이 과연 더럽게 느껴지는가?

가장 더러운 건 결국 내 마음이었다.
모든 깨끗함과 더러움은 내 머릿속에서부터 시작된 것이었다.
이 심오한 진리를 깨닫는 순간 삥이나 뜯는 사이비 구도자인 줄 알았던 그 사내는 여행 중 내가 만난 진정한 구루_{Guru} 로서 마음 속 깊이 새겨졌다.

★사두Sadhu 힌두교의 가르침에 따라 자신을 혹독하게 수련하는 수행자.
★구루Guru 어느 정도 종교적 수행성과를 거둔 힌두교의 정신적인 스승.
★종심소욕 불유구_{從心所欲 不踰矩} 공자께서 스스로의 학문과 인격의 발전과정을 나이에 따라 구분한 말 중에 70세의 나이에 해당되는 말. 70세가 되면 하고자 하는 바를 쫓아 행동해도 법도를 넘지 않고, 편안히 행하고 노력하지 않아도 법도에 맞는 경지의 인격을 이루게 된다는 말.

괴짜 사두를 만나다!

난 남자다.
진짜 남자라구~! (19금)

인도 맥그로드 간지, 티벳 전통 마사지사와의 추억

India

McLeod Ganj

<u>난 마사지 받는 걸 참 좋아한다.</u>

미끄덩한 오일을 온몸에 바르고 문질 문질하기 시작하면 하루 종일 구경하느라, 돌아다니느라, 사람들에 치이느라 녹초가 되어버린 몸뚱아리가 노곤 노곤 녹아내리곤 한다. 매번 '어디 이 마사지사가 마사지를 제대로 하나?' 정신을 바싹 차린 채 지켜보려고 노력해 보지만 항상 실패!! 스르륵 감겨버린 눈꺼풀과 함께 영혼이 빠져나가버린 듯 환희의 파도 속을 헤매고 만다. 아~ 그저 좋다. 생각할수록 좋다. 마사지⋯⋯.

참 많이도 다녔다. 세상 방방곡곡을 돌아다니며 마사지 간판이 있으면 일단 무조건 들어가 보고 봤다. 페루 잉카 마사지, 태국 타이 마사지, 인도 아유르베딕 마사지 등등등……. 종류도 다양하고 각기 테크닉도 다르다. 관절을 기술적으로 꺾어 우두둑 소리를 나게 하는 곳도 있고, 고약한 냄새가 나는 기름을 몸에 처덕처덕 바르는 데가 있는가 하면 심지어 뜨끈하게 달궈진 돌을 사용하는 데도 있었다.

하지만 마사지를 받는데 있어서 빼놓을 수 없는 가장 중요한 포인트 중의 하나는 바로 청초하면서도 예쁘장한 아가씨의 손길이 아니겠는가? 오랜 여행으로 지칠 대로 지쳐버린 몸과 마음에 잠시나마 위안을 얻을 수 있다는 건 그 무엇보다도 중요한 일임이 분명하므로……. 어라? 동의할 수 없다고? 에이~ 남자라면 우리 좀 솔직해지자! 툭 까놓고 말해서 누가 막 당신 몸을 주무르는데 뚱뚱하고 억센 아줌마랑 날씬하고 귀엽게 생긴 아가씨가 눈앞에 있다면 당신은 과연 누굴 고르겠는가? 이왕이면 다홍치마라고 다 그렇고 그런 게 아닌가? 하지만 "자고로 마사지란 무조건 시원하게 잘하는 게 장땡!!"이라고 생각하는 분들과 스스로 자신이 정숙하다고 자부하는 요조숙녀 분들, 그리고 19세 미만의 청소년들이라면 어쩔 수 없다. 여기서부턴 그만 읽고 다음 페이지로 넘어가주시길. 지금부터는 진정한 레알Real 남자들의 세계니깐! 흠흠~

난 지금 "티벳 마사지"를 받기 위해 인도 맥그로드 간지의 한 마사지샵 대기실 의자에 앉아 있다. 평소 살아있는 성자 달라이 라마가 기거하시는 티벳의 성지 같은 곳이지만 이곳에도 전 세계에서 몰려든 관광객들을 위한 거리가 조성되어 있다. 맛있는 요리를 파는 레스토랑과 쿵쾅쿵쾅 시끄러운 음악이 쏟아져 나오는 펍Pub까지…… 물론 여행자

난 남자다, 진짜 남자라구~!(19금)

들을 위한 마사지 샵도 줄줄이 늘어서 있었다. 그것도 이름부터 고색 창연한 "티벳식 전통 마사지"란다. 호오~

언제나 그렇듯 마사지 집 현관을 들어설 때면 약간의 설렘이 있기 마련이다.

'기왕이면 아리따운 친구였으면 좋겠다! 시원한 마사지도 받고 수다도 떨고 그러면 그동안 쌓인 스트레스가 한 번에 확 날아갈 텐 데…….'

따끈한 짜이 한잔을 마시고 종업원의 인도로 마사지실에 들어간다. 옷을 전부 벗고 종업원이 건네주는 야시시한 부직포 팬티 하나만을 걸 친 채, 숨쉬기 편하도록 얼굴 구멍이 뚫려있는 마사지 침대에 수줍게 엎드렸다. 무언가를 기대하며……. 커다란 행복감의 나라로 또 다른 여행을 떠날 채비를 하며…….

어라? 근데 뭔가 잘못됐다. 예쁘장한 전통복장과 수줍은 미소가 매력적으로 보일 상상 속의 아가씨는 온데 간 데 없고, 머리에 두툼한 터번을 얹은 채 날렵한 콧수염을 뽐내며 방에 들어서는 거무죽죽한 저 놈은 대체 누구란 말인가? 어? 어? 왜 쟤가 준비를 하지? 어어? 하 지 마! 저리가! 저리가란 말야! 제발 내 몸 좀 만지지 말라구~~!!

이미 게임 오버다. 잠시나마 가졌던 얄팍한 기대감은 그야말로 한 순간에 와르르 무너져 내려버렸다. 그 망할 놈은 두툼한 손바닥에 오일을 처덕처덕 발라 내 몸을 우악스럽게 쓰다듬기 시작했다. 손바닥의 우둘투둘한 살결이 적나라하게 느껴진다. 힘을 주어 마사지를 할수록 자꾸만 거칠어져 가는 숨소리가 영~ 거슬린다. 아까 전에 점심 먹은 게 소화가 잘 안 되는지 내 뒤통수에 대고 연신 꾸룩꾸룩~ 꺼어억~ 거리며 냄새나는 트림을 해댄다. 마사지 솜씨도 영 별로, 아프기만 할 뿐 근육이 풀어지기는커녕 점점 더 뻣뻣하게 굳는 것만 같다. 어디선가 흘러나오는 요상한 인도악기 소리도 마음에 안 들고, 침대도 여기저기 배기는 것만 같고, 하여튼 하나부터 열까지 죄다 마음에 안 든다. 젠장! 제기랄~

하지만 그게 끝이 아니었다. 그 보다 훨씬 더 괴로운 난관이 기다리고 있었다. 30분쯤 지나자 멋들어진 콧수염의 안마사는 "짝짝" 내 등허리를 두 번 두드리며 뒤로 돌아 누우라는 신호를 보내왔다. 이젠 뭐 될 대로 되라지…… 잔뜩 기분이 상해버린 '코리안 보이'는 하늘을 보며 대자로 벌렁 드러누웠다. 문제는 이놈의 야시시한 부직포 팬티, 조금 과장을 덧붙여 유심히 들여다보면 속이 힐끗힐끗 비치는 반투명 재질로 되어있다. (그거 왜 미용실에서 아줌마들 파마 약 바른 뒤 머리에 쓰는 거 있잖은가? 바로 그런 재질이라구!!)

남자라는 동물은 참 요상하다. 분명히 난 남자다. 다시 한 번 강조하지만 난 "여자"를 참 좋아하는 "진짜 남자"다. 제발 믿어주셨으면 좋겠다! 하여튼 그렇게 누워서 마사지를 받고 있는데, (티벳 전통 마사지는 원래 그런가?) 이노무 자슥이 유난히 허벅지 안쪽을 집중적으로 주무르기 시작한다. 마사지가 계속되면 될수록 몇 번인가 본의 아니게 사내의 손등이 내 중요 부위를 스윽~ 스치면서 기분이 이상야릇해지는 것이 느껴진다. 조금씩, 조금씩, 남자의 신체 부위 중 가장 중요한 생명과도 같은 그 곳(??)에 슬그머니 힘이 들어가는 것만 같다. '아니야! 이건 진짜 아니잖아~' 속으로 애국가를 1절부터 4절까지 최대한 빠르게 불러보고 별의별 딴생각을 다해 봤지만 별 신통한 효과가 없다. 그저 꼬옥 눈을 감고 있을 뿐! 잠시 후 흠칫……. 사내의 손길이 멈추고 지옥과도 같은 침묵이 방안에 흐른다. 싫다! 이런 내 자신이 너무 싫다.

<u>그것 하나 마음대로 조절 못하는 내 자제심이 싫고, 시도 때도 없이 불끈불끈 솟아오르는 내 청춘도 너무 싫다! 아아~</u>

잠시 후 마사지는 재개되었고, 마치 10라운드 경기를 모두 마친 복서마냥 하얗게 타고 남은 재만이 침대위에 남았다. 허탈함, 공허함, "인생 별거 없어~!" 라고 소리치던 젊음은 사라지고 한줌의 수치심만이 깊이 새겨졌다. 주섬주섬 옷을 끼워 입는데 왜 그리도 서럽던지……. 카운터에 돈을 집어던지고 서둘러 도망쳐 나왔다.

<u>그렇게 난 인도 한 복판에서 어느 무더운 여름날, 어른이 되었다</u>

무기여 잘 있거라!
여자들아 잘 있거라!
네팔 카트만두, 세 번째 신부를 찾아

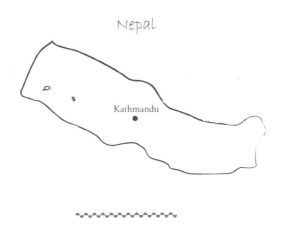

Nepal

Kathmandu

●

〰〰〰〰〰〰〰〰〰〰〰〰〰

그 남자의 첫 번째 아내는 베트남 아가씨였다. 쉰이 다 되어 올린 스물다섯 꽃다운 처녀와의 결혼은 비록 국제결혼이었지만 꿀같이 달콤한 나날들이었다. 짧았던 결혼생활 동안 남자는 아내의 사진을 들고 다니며 팔불출처럼 그렇게도 자랑을 했다고 한다. 국제결혼, 그거 색안경 끼고 볼 것만은 아니라며. 아내와 알콩달콩 결혼 생활을 자랑하던 남자는 드디어 자신도 남들처럼 아이 낳고 가족 꾸리며 살 생각에 행복해 했다고 한다.

그러나 그런 행복도 잠시, 결혼한 지 6개월도 채 되지 않아 아내가 자취를 감추었다. 남편에게 다정하고 살갑게 대했던 아내였기에 도망

갔을 거라곤 꿈도 꾸지 않았다. 혹시 잘못되지는 않았나 해서 가슴 졸이며 밤낮을 잠 못 들고 뒤척였고, 이틀이 머다 하고 관할 경찰서에 찾아가 아내를 찾아내라고 닦달했다. 전단지도 만들어 돌렸다. 한국 생활에 낯선 아내가 어디선가 길을 잃고 헤매고 있을 것만 같아 근심걱정에 일이 손에 잡히지 않았다. 그런 남자에게 사람들은 베트남 처녀 도망가는 거 한 둘이 아니라며 그러려니 하라고 했다. 남자는 그런 말들을 귓등으로 흘려보냈다. 아내는 그럴 사람이 아니다. 그렇게 사라진 아내를 찾아 헤맨 지 몇 달, 남자는 어린 아내가 동향의 베트남 남자와 눈이 맞아 서울 변두리 어딘가에서 불법 취업을 하며 살고 있다는 소식을 들었다. 찾아가려면 찾아갈 수도 있었겠지만, 순간 남자는 삶의 의지를 잃었다. 믿었던 여자에 대한 배신은, 참으로 고통스러운 것이었다.

다시는 결혼하지 않고 혼자 살겠다고 마음먹었지만 도망 간 아내의 빈자리는 컸다. 없던 자리에 사람이 드는 것보다 한번 들었던 자리에 사람이 난 흔적은 더욱 견디기 힘든 것이었다. 남자는 고민 끝에 두 번째 결혼을 결심했다. "필리핀 여자는 절대 도망가지 않아요." 절대 도망가지 않는다는, 그 말에 오기가 생겼다. 첫 번째 실패를 거울삼아 일부러 예쁘지 않은 여자를 골랐다. 착하고, 남자를 믿어주는 여자면 그걸로 된 것만 같았다. 그러나 남자가 이미 법적으로 첫 번째 아내와 혼인 상태였기 때문에 장차 두 번째 아내가 될 여자에게 필리핀 비자가 나오지 않는다는 얘길 들었다. 백방으로 수소문해서 첫 아내를 찾으려 했지만 실패하고, 결국 멀쩡하게 어딘가에 살아 있을 아내를 죽은 것인 양 사망 신고를 했다. 결혼 중계업자들은 한 번 일이 꼬였기 때문에 시간과 돈이 더 든다고 했다. 남자는 아내 될 사람 사진 한 장 밖에 보지 못했지만, 철석 같이 믿고 돈을 더 보냈다. 기다리고 또 기다렸다. 가족을 꾸리겠다는 작은 소망, 그건 결코 남자 입장에선 분에 넘치는 욕심이 아니었다. 그러나 한국으로 온 여자는 자신이 두 번째 결혼이라고 말했다. 5년 전 이미 전라도에 사는 어떤 남자의 아내가 되었지만, 그 남자의 외도로 이혼당하고 고국으로 강제 추방되었다가 다시 돌아온 것이라고 했다. 그녀는 미련을 못 버리고 그 남자를 다시 찾아가겠다고 했다. 호적에 혼인 신고 잉크가 마르기도 전에, 어쩔 수 없이 남자는 다시 이혼 신고를 해야만 했다. 그리고 이제 다시는, 결혼은 꿈에도 생각지 않겠다고 결심했다.

대한민국 사람들에겐 '적어도 삼세판'이라는 오기가 있다. 그 오기가 어디서부터 어떻게 생겼는진 모르겠지만 이번엔 주변사람들이 남자를 부추겼다. 설마 세 번째도 사기 당하겠어, 그럼 인간 팔자가 얼마나 기구해. 이번에 마지막이라고 생각하고 딱 한 번만 더 시도해 봐. 예전 경험은 다 인생 공부했다 생각하고 이제 제대로 한 번 살아 보는 거야.

외국에서 사업을 하고 있던 조카가 자신이 잘 알고 지내는 형님이니 틀림없을 거라며 결혼중개업자를 소개했다. 다시는 속지 않겠다는 남자에게 "삼촌은 조카도 못 믿느냐"며 큰소리를 쳤다. 이번엔 네팔 아가씨라고 했다. 내가 동남아 방방곡곡을 아주 섭렵하는구나, 남자는 눈 딱 감고 한 번만 더 믿어 보자고 돈을 보냈다. 결코 다시는 안 속겠다고 사진 보자 느니 얼굴 먼저 보자 느니 아무리 용을 써 봤자, 속이려 치면 속고, 믿으려 치면 믿는 게 이 바닥이란 걸 남자는 알게 되었다. 현지에서 조카가 직접 힘을 써 주고 있다 하니, 중개업자가 아닌 조카를 믿은 것이었다. 그러나 그 중개업자는 네팔에 아가씨를 데리러 간다고 떠나더니 감감 무소식이었다. 조카도 속고, 남자도 속았다. 그러나 남자는, 도저히 이번만은 가만히 앉아서 당할 수가 없었다. 굼벵이도 밟으면 꿈틀 한다는데, 세번이나 속고도 멀쩡히 속앓이만 하고 있으면 스스로가 한심해 견딜 수가 없을 것만 같았다. 무작정 네팔행 비행기를 탔다. 네팔 곳곳을 샅샅이 뒤져서라도, 이놈을 찾아 돈을 토해 내게 할 작정이었다. 그것은 단지, 돈이 걸려 있어서가 아니라 그의 자존심이 걸려 있는 일이었기 때문이다.

남자의 인생 이야기는 그야말로 '한 여자가 다섯 번째 이별을 하고~'로 시작하는 가수 박상민의 『무기여 잘 있거라』가사 뺨치는 기막힌 스토리였다. 이게 다 누구 이야기냐고? 지금 네팔 카트만두의 허름한 한국 식당에 나란히 앉아 주거니 받거니 대화를 나누고 있는 쉰다섯 살 아저씨의 기구한 인생 이야기다. 빠닥빠닥한 삼선 추리닝 바지에 목깃을 빳빳이 세운 카라티는 전 세계 어디서든 '대한민국 아저씨'임을 나타내는 증표다. 멀리서도 눈에 딱 띄는 '대한민국 유니폼'을 보고 반가워 동석해서 말을 건넸던 것인데 이렇게나 기구한 사연이 있을 줄이야. 딱 봐도 '순진한 농촌 총각'처럼 보이는 아저씨는 그렇게 네팔 곳곳을 다니며 '이 썩을 놈'을 찾고 있다고 했다. 하지만 신림동에서 곗돈 떼어 먹고 달아난 김씨 아줌마 하나도 찾기 어려운 판국에, 길 설고 낯설고 말도 안 통하는 이곳에서 현지 사정에 빤한 결혼 중개 브로커 찾기가 결코 쉬운 일은 아닐 것이다. '뭐 꼭 찾는 다기 보다는, 겸사겸사 네팔 구경도 하고 그런 거지~!' 아저씨는 예의 그 사람 좋은 표정으로 껄껄 웃었다. 빈말이 아니라, 실제로 아저씨는 돈을 찾겠다거나,

사기 친 브로커를 찾겠다거나 하는 욕심으로부터는 맘을 비운 것만 같았다. 아니 세상 모든 일에 해탈한 듯, 그렇게 기구한 인생사를 얘기하면서도 표정만은 줄곧 온화했다.

"아니, 아저씨 정도면 한국에서도 시집오겠다는 여자가 줄줄 따를 텐데 왜 그러세요."

"이 총각, 아직 젊고 패기 있어서 뭘 몰라도 한참 모르는구면. 요즘 한국 아가씨들은 워낙 생활력이 좋고 눈이 높아서, 혼자 노처녀로 늙어 죽더라도 농촌에 시집와서 농사짓고는 안 살려고 그래. 나 이래 뵈도 결혼 생활 6개월밖에 안 한 어설픈 총각인데, 애 둘 딸린 이혼녀마저도 나한텐 안 오려고 그러더라니까! 오죽하면 말도 안 통하는 외국 처녀 데려와 살겠다고 이러겠어. 어휴~"

딱 봐도 선량하기 그지없고 좋은 남편, 좋은 아빠 노릇 잘 할 것만 같은 아저씨의 푸념 같은 말을 들으니 마음이 너무나 무거워진다. 평생 배필을 찾는 것이 아무리 어려운 일이라지만 이 순박한 아저씨만큼은 평생 함께 의지하며 살 만한 멋진 아가씨를 찾아주고 싶다. 내 옆에 누구 없나? 어디, 누구 없나요? 여기 착하고 괜찮은 농촌 총각이 색시를 찾고 있는데……. 그것도 아니면 아저씨가 하루라도 빨리 그 빌어먹을 놈의 중개업자를 찾아 억울하게 사기 당한 돈만이라도 돌려받고 그저 행복하게 한국으로 돌아갈 수 있게 되길 진심으로 바래본다.

에이~ 참!

빤쭈와
팬티의 차이

미국 뉴욕, 네이키드 카우보이가 부러워 죽겠다

U.S.A

New York

<u>어렸을 적, 난 참 오락실을 좋아했다.</u>

요즘처럼 담배연기가 자욱한 PC방의 커다란 모니터 앞에서 광기어린 눈빛으로 욕설을 쉴 새 없이 내뱉는 무서운 초딩들과는 차원이 다른 순진하고도 아련한 추억거리 중의 하나다. 위아래로 길게 찢어진 낡은 동전 구멍에 오십 원짜리 동전 하나를 밀어 넣으면 두근두근 빠바밤~ 하는 촌스러운 타이틀 음악과 함께 눈부신 신세계가 펼쳐진다. 울룩불룩 덩치만 커다란 민대머리 악당을 살살 유인해서 강력한 팔꿈치 공격으로 가격하면 꼼짝없이 바닥에 대자로 나자빠지곤 하던 더블 드래곤이 있었고, 화면을 가득 메운 채 정신없이 쏟아져 내려오는 폭탄들 사

이로 그야말로 신기에 가까운 곡예를 펼치며 이리저리 피하다가 절체절명의 순간 어쩔 수 없이 핵폭탄을 터뜨려야만 했던 1942 비행기 게임도 있었다. 그런가 하면 제일 잘생긴 캐릭터인 류Ryu나 켄Ken을 골라 아도오겐~장풍, 어류우겐~승룡권 등등 국적불명의 무술을 현란하게 펼치며 장기에프, 달심, 춘리 등을 차례로 제압해 나가던 스트리트 파이터가 최고의 인기를 자랑했었다.

당시 초등학교를 —내가 중학교 1학년에 올라가면서부터 국민학교가 초등학교로 바뀌었다. 내겐 한마디 상의도 없이 어쩜 그렇게 자기네들 맘대로 후딱 바꿔버릴 수 있는 건지 원. 어쨌든 고로 난 마지막 국민학교 세대라고 할 수 있다— 파하기가 무섭게 쏜살같이 달려갔던 내게 오락실이란 십대 초반의 팍팍한 현실?? 속에 쌓여만 가던 스트레스를 분출하기 위한 유일한 탈출구로서 그야말로 제격이었다. 하지만 불과 오천 원에 불과했던 한 달 용돈은 쉴 새 없이 눌러대던 조이스틱과 버튼 앞에서 허무하게 사라져갔고, 결국 나도 모르는 사이 안방의 장롱 속에 들어있던 부모님의 지갑에 손을 댈 수밖에 없었다. 하루걸러 천원, 이천 원 스리슬쩍 하던 도둑질이 나중에는 겁도 없이 만원짜리를 훔치기에 이르렀고, 꼬리 긴 여우는 결국 잡히기 마련, 하얀 눈이 소복이 쌓여있던 골목길로 얇디얇은 하얀 빤쭈 한 장만 걸친 채 쫓겨나고야 말았다. 오돌오돌 온몸에 돋아나던 닭살과 굵은 눈물방울을 뚝뚝 떨어뜨리며 다시는 안 그러겠다고 싹싹 빌던 초라한 모습. 엄동설한의 어느 겨울날, 육체적으로나 정신적으로나 참으로 고통스러웠던 기억이 난다.

여기는 브로드웨이 타임스퀘어 광장! 오페라의 유령 · 라이온 킹 ·

위키드 등등 휘황찬란하게 번쩍거리는 유명 뮤지컬들과 세계에서 가장 비싸다는 광고판틀이 즐비하게 걸려있는 곳이다. 평일 낮임에도 불구하고 바쁘게 오고가는 수많은 뉴요커들과 전 세계에서 모여든 관광객들로 거리는 온통 들썩거린다. 가히 세계 문화의 중심이라고 불려도 손색이 없을 만큼 꿈과 돈과 예술이 한데 뒤엉켜 공존하는 이곳에 드디어 도착했고 두발로 당당히 서있다는 감격을 온몸 가득히 만끽하던 찰라, 어디선가 경쾌한 통기타 소리가 귀를 간지럽힌다. 눈을 돌려보니 타임스퀘어 광장의 한복판에 누가 봐도 잘생겼다고 할 만큼 멋진 남자가 눈부시도록 하얀 팬티 한 장만 걸친 채 나체로 서서 기타를 연주하고 있었다. 거기에 카우보이모자와 어깨까지 길게 늘어뜨린 금발머리, 번쩍거리는 징이 박힌 웨스턴 부츠로 제법 구색을 맞췄고 하루이틀 운동을 한 게 아닌 듯 탄탄한 근육질의 육체는 오고가는 뭇 여성

들의 눈길을 끌기에 충분했다. 그러고 보니 언뜻 언젠가 9시 뉴스데스크의 해외토픽에서 〈뉴욕 맨하탄 브로드웨이의 네이키드 카우보이〉라는 화면을 본 기억이 난다. 1년 365일 나체로 카우보이 복장을 한 채 매일같이 거리로 나와 기타를 치면서 가끔씩 관광객들과 함께 사진을 찍어주는 대가로 돈을 받고 있다는 그는 명실상부한 뉴욕의 명물이라고 할 수 있었다. 신기하기도 하고 호기심도 살짝 발동해서 일단 가까이 접근해 보기로 마음먹었다.

근데 이놈, 천하의 몹쓸 놈이 틀림없다. 인종불문, 나이불문, 세계 방방곡곡에서 모여든 여자관광객들이라면 누구나 가리지 않고 벌건 대낮의 길거리 한복판에서 뻔뻔스럽기 그지없는 짓을 벌이고 있다. 입에 담기도 좀 뭣하지만 그래도 몇 가지 예를 들어본다면, 자기 여자친구마냥 어깨를 감싸거나 볼에 뽀뽀하기는 예사고, 엉덩이 움켜쥐는 포즈 취하기, 굵은 털이 숭숭 난 맨팔로 번쩍 안기 등등…… 그야말로 눈뜨고 보기 힘든 온갖 성희롱이란 성희롱은 혼자서 다하고 있는 것이 아닌가!? 그리고 나서도 당당하게 한 사람당 2달러씩을 받고 있는 배은망덕함이라니, 아이구~ 남사시러워라~! 하늘에 맹세코 내가 절대 부러워서 이러는 게 아니다. 또한 시기, 질투 따위의 못난 찌질이 남성의 전유물 같은 감정으로 말하는 것도 아니다. 겉으로는 꽤나 정숙해 보이는 아가씨와 요조숙녀들, 심지어 떼로 몰려다니는 단체관광객 아주머니들과 백발이 성성한 할머니들마저도 그 앞에 서면 무장해제 되어버리는 놀라운 광경을 보며 왠지 모를 쓸쓸한 기분이 드는 건 꼬리 내린 수컷의 어쩔 수 없는 본능일런지도 모르겠지만 어쨌든 그가 그리 곱게 보이지만은 않았다. 쳇~

세상엔 별난 사람들이 참 많아!

솔직히 꼴도 보기 싫었고 배알이 배배 꼬인 것도 사실이지만 자칭 타칭 브로드웨이의 명물이라는데 사진 한방은 남겨야 되지 않겠나? 그래서 결국 주머니에서 2달러를 꺼내들고 슬금슬금 접근했다. 짜식~ 가까이서 보니 잘생기긴 무지하게 잘 생겼더라. 그런데 갑자기 헐리우드에 가서 배우를 해도 손색이 없을 만큼 수려한 외모를 지닌 그가 왜 길바닥에서 이런 짓?을 하고 있는지 궁금해졌다.

"헤이~ 네이키드 카우보이! 이 일 어때? 할 만해?"

"웅? 그게 무슨 소리야?"

"아니, 길바닥에서 이렇게 기타 치면서 사진 찍어 주는 거, 안 힘드냐고?

"아하~ 난 또 무슨 얘기라고! 솔직히 힘들지! 항상 서있어야 되고, 언제나 웃어야 되고, 또 겨울에는 엄청 춥거든! 근데, 나 이 일 무지 좋아해~ 뉴욕의 명물이라는 자부심도 있고 전 세계의 친구들도 많이 만날 수 있어! 그리고 보기에는 이래도 나 나름대로 노력을 많이 하고 있다구~ 매일 아침마다 서너 시간씩 웨이트 트레이닝을 하면서 멋진 몸을 유지하고 저녁에는 매일 밤 기타 연습을 하면서 레퍼토리를 늘리기도 해! 그래야지 꾸준하게 매상을 올릴 수 있고, 사실 벌이가 꽤 짭짤하거든~ 내가 특별히 비밀하나 더 알려줄까? 『네이키드 카우보이』는 내가 원조가 아냐~ 내가 이 일 시작하기 전에 두 명이 더 있었어! 둘 다 나이가 들어서 은퇴하고 내가 삼대 째지~ 아하하~!"

이상하게도 호탕하게 웃는 그의 모습에서 빤쭈 한 장 입고 쫓겨 난 어린 시절 내 모습이 떠올랐다. 그 때의 나는 누런 면 빤쭈 한 장만 걸

치고 쫓겨난 내 모습이 너무나 부끄러워서 혹시 누구한테 들키지 않을까 발소리가 들릴 때마다 숨을 죽였었다. 그러나 어린 시절 나와 똑같이 팬티 한 장 걸친 그는 세계에서 가장 관광객이 많이 몰려드는 광장 한가운데 당당하게 서 있다. 그가 찍힌 사진은 관광객을 통해 전 세계로 전파될 것이고 누군가의 추억이 되어 대대손손 보관될 것이다. 똑같은 팬티 한 장 걸친 몸인데 한사람은 누가 볼까 겁을 내고, 또 다른 사람은 자신을 PR하는 도구로 쓴다.

물론, 그의 팬티는 폼 나는 가죽으로 만든 하얀 팬티이고 내 빤쭈는 하도 입어서 노리끼리한 면 빤쭈이긴 하지만……

나도 가죽 팬티를 입으면 그처럼 당당해 질 수 있을까?

Naked Cowboy!

아프리카까지 이어진
춤바람 인생
탄자니아 다르에스살람, 전통공연에 참가하다

Dar es Salaam ●

<u>고등학교 1학년 겨울방학 때로 기억된다.</u>

　폭설 뒤에 닥친 강추위로 온 서울바닥이 꽁꽁 얼어붙었다. 도로위의 차들이 엉금엉금 기어 다니고, 나 역시 행여나 자빠질까봐 종종걸음을 재촉하던 지지리도 추운 겨울 날 아침, 엄마 손에 붙들려 문정동의 허름한 상가건물 지하에 있던 〈힙합댄스학원〉을 찾았다. 물론 요즘에는 대한민국의 자랑스러운 B-boy들이 세계무대를 주름잡고 국가의 위상을 떨치고 있는 판국이지만 그 당시에는 그런 댄스학원이 있는지조차 모를 정도로 사회적 인식이 낮았다. 더군다나 '힙합'이라면 그저 길거리에서 통 넓은 바짓단이나 질질 끌고 다니던 불량청소년의 상

징으로 여겨지던 시절이었다. 사실 학원도 말이 학원이었지 한쪽 귀퉁이가 깨져 나가 덕지덕지 테이프를 발라놓은 커다란 벽면 거울 하나와 바닥에 지저분한 매트리스 몇 장이 깔려있는 게 전부인 그야말로 남루하기 짝이 없는 그런 곳이었다. 아마도 첫날 배웠던 건 원스텝·투스텝·양팔 웨이브 같은 기본 중의 기본동작이었던 것 같다. 길게 땋은 레게머리가 특히 인상적이었던 선생님이 먼저 시범을 보여주면 한 동작씩 천천히 따라하는데, 그게 또 왜 그리도 어렵고 힘들게 느껴졌던지 지금 돌이켜보면 슬쩍 웃음만 나올 뿐이다.

그렇게 입문하게 된 나의 춤바람 인생은 그 후로도 쭈욱 이어졌다. 대학교에 들어가자마자 입학식 당일 날부터 물어물어 찾아 갔던 힙합 댄스 동아리 시바SIVA는 나의 고된 대학생활을 잠시나마 잊게 만들어 준 가장 소중했던 추억이었다. 타 대학교 축제에 초청 공연을 다닐 정도로 청주 바닥에서는 나름 유명했고 20대 초반의 젊음과 열정을 다 바쳐 춤의 세계에 빠져들었다. 춤을 출 때만큼은 아무런 생각이 나지 않았고 새벽까지 동아리 방에 홀로 남아 춤 연습을 하다가 기진맥진 땀에 흠뻑 젖은 채로 바닥에 쓰러져 하늘에 떠 있는 별을 바라볼 때면 일종의 묘한 카타르시스를 느끼곤 했다.

하지만 수의대 본과생활은 결코 만만치 않았고 세월이 흘러 졸업 후 군생활을 거치면서 잔뜩 녹슬어버린 몸뚱아리는 뻣뻣하게 굳어져 어느 덧 춤이라는 단어는 아련한 추억 속의 한 페이지에 곱게 접혀 들어가고야 말았다.

그런데……

난 지금 왜 머나먼 이 곳 아프리카 땅까지 와서 난데없이 무대에 올라 시키면 친구들과 함께 춤을 추고 있냔 말이다. 도대첸 여긴 어디고 난 왜 이러고 있는 거지? 으응!?

불과 하루 전으로 거슬러 올라간다.

잠비아를 떠나 장장 58시간 동안 기차를 탄 끝에 파김치가 되어 도착한 이곳은 태양의 땅 탄자니아. 집집마다 최신의 초고속 인터넷이 설치되어 있는 21세기와 동물가죽으로 옷을 해 입고 나뭇가지를 손으로 비벼서 불을 지피는 선사시대가 공존하고 있는, 그야말로 기상천외한 나라다. 수도인 다르에스살람에서 한 시간 정도 떨어진 작은 시골 마을 바가모요를 구경하던 중, 〈바가모요 예술대학〉이라고 쓰여 있는 간판을 따라 캠퍼스 내로 들어갔다.

커다란 강당 안에서는 뚱땅뚱땅 음악소리와 함께 한창 춤과 노래를 연습 중인 대학생 무리들을 발견할 수 있었다. 아프리카 특유의 강한 리듬감을 뿜어내며 열심히 땀을 흘리고 있는 학생들을 바라보자니 그 흥에 이끌려 절로 어깨가 들썩이면서 어느새 나도 모르게 그들의 동작을 조금씩 따라하고 있었나 보다. 난데없이 등장한 동양인이 자신들의 춤을 따라서 추고 있으니 신기하기도 했겠지! 몇 마디 얘기를 나눠본 결과, 자기들은 이곳 바가모요 예술대학 학생들로 구성된 아프리카 전통 공연단으로, 내일 열리는 학교 축제를 앞두고 연습을 하는 중이란다. 그런데 갑자기 아까부터 유달리 유심하게 내가 추는 춤을 보고 있던 친구 한명이 다가왔다.

"너 혹시 예전에 춤 춰본 적 있어? 혹시 내일 있을 우리 공연 좀 도와줄 수 있니?"

난데없이 이게 웬 '아닌 밤중의 홍두깨 같은 소리'란 말인가? 공연이라니? 그것도 아프리카 전통 공연 무대 게스트라니? 아이고~ 절레절레 손사래를 치며 거절해 봤지만 이미 함께 하기로 결정을 내린 듯 시커먼 대학생 친구들이 떼로 달려들어 설득을 하고 같이 갔던 선교사님도 한번 해보라고 부추기는 통에 엉겁결에 그러자고 승낙을 하고야 말았다.

그런데 잠시 후 정신을 차리고 가만히 생각해 보니 제법 괜찮은 제안인 것 같긴 하다. 내 평생 언제 또 아프리카 전통공연에 참가해 보겠는가? 이런 기회를 놓치면 아마도 평생 후회 할 꺼야~! 오케이~ 하자! 가는 거야~!!

"에휴~ 미쳤지! 미쳤어! 내가 왜 이걸 한다고 했을까?"

그러고 나서 공연 당일! 무대 의상까지 갖춰 입고 무대 뒤에서 하나둘 씩 관객들이 입장하고 있는 걸 보고 있자니 다리가 후들후들 떨린다. 대학시절 춤 동아리 공연 때 이후로 거의 10여년 만에 느껴보는 감정인지라 감회가 새롭긴 한데, 긴장되긴 매 한가지! 아니 오히려 훨씬 더 떨리는 것 같다. 에구~ 그제야 내가 '또 한 번 미친 짓을 저질렀구나' 하는 생각이 스멀스멀 밀려든다. 지금에 와서 그만둔다고 할 수도 없고 아침부터 팀에 합류해서 연습을 한다고 하긴 했다만 배운 건 하나도 기억이 안 나는 걸 어쩌란 말인가? 가슴이 또다시 쿵쾅쿵쾅 거리는데 이거야 원 팔짝팔짝 뛸 노릇아닌가? 점점 내가 무대에 나갈 차례가 다가온다.

공연의 줄거리는 밴드와 보컬이 노래를 하는 중간의 간주 부분에서 댄서들이 등장해 격렬하게 춤을 추며 한껏 흥을 돋구는 스토리로 되어 있었다. 드디어 내 순서! 나름 멋지게 등장한다고 했지만 난데없이 눈은 쭉 찢어지고 피부는 허연 원숭이처럼 생긴 놈이 머리는 가닥가닥 땋아 올린 레게머리를 해가지고 등장했으니 아마도 관객들의 입장에서는 "쟨 모야~?" 하는 심정으로 지켜봤을 것 같다. 기대심 반, 호기심 반으로 가득한 수많은 사람들의 눈초리 속에서 내가 맡은 역할은 B-Boy……. 10년 만에 추는 브레이크 댄스라서 허리가 끊어질 것 같은 통증이 밀려왔지만 하도 긴장을 한 탓에 그 순간에는 그런 아픔을 전혀 느낄 수가 없었다. 나이키, 프리즈, 베이비 같은 서너 개의 기본적인 비보잉 동작을 선보인 후 잠시 퇴장을 했다가 이번에는 다른 친구들과 함께 아프리카 전통춤에 맞춰 다시 무대에 등장했다.

공연장이 쿵쿵 울릴 정도로 강렬한 타악기의 비트와 끊임없이 울려 퍼지는 관객들의 환호소리, 거기에 땀범벅이 될 정도로 혼신의 힘을 다하는 공연 팀으로 인해 분위기는 절정으로 치달았다. 급기야 마지막 곡을 남겨 놓고서는 관객들을 전부 무대 앞까지 끌어내 출연진들과 하나로 뒤섞여 다함께 미친 듯이 춤추고 노래하며 뜨거운 열정을 불태우기까지 했다. 모두가 즐거웠고 모두가 행복했던 시간이었다. 물론 나 역시 150% 만족스러웠던 건 두 말하면 잔소리!

열정적인 공연이 모두 끝난 뒤 가쁜 숨을 삭히며 잠시 쉬고 있는데 무대 뒤편으로 백발이 성성하신 한국인 할아버지 한분이 나를 찾아오셨다. 오늘 공연 너무 잘 봤다며 갑자기 내 손을 꼭 붙들며 말씀하셨다. 삼십 여 년간을 이곳 탄자니아에서 살아온 한국 교민으로서 오늘처럼 행복하고 자랑스러웠던 적이 없으셨다고, 정말 너무너무 고맙다며 연신 눈물을 닦아내신다. 그 순간 뭐라 표현할 말이 없을 정도로 뜨거운 무언가가 가슴 속 깊은 곳으로부터 솟구쳐 올라왔다. 우연히 찾아온 기회에 내린 작은 결단이 이렇게나 큰 상으로 돌아오다니 가슴 벅찬 감동과 커다란 자부심을 느낄 수 있었다.

아프리카 땅에서 평생 잊을 수 없는 멋진 추억을 남겼고 바가모요 예술대학 학생들과 더없이 진한 우정을 나눌 수 있었다. 야호~ 대성공~!

아프리카까지 이어진 춤바람 인생

dance time~!

지상최강
좌충우돌 형제

페루 꾸스꼬, 사고뭉치들을 만나다

Peru

Cusco

내가 이 두 명의 지상최강 좌충우돌하는 형제들을 처음 만난 건 페루의 꾸스꼬였다. 맞추픽추로 가기 위한 관문 같은 마을. 그들을 만난 건 우연이었지만 지금 생각해보면 태어나기 전부터 우리는 만나기로 정해져 있었지 않았을까 하는 기분이 든다. 그만큼 그들은 나의 길고 험난한 여정의 활력소 같은 존재였고, 지지리도 궁상맞았던 수많은 추억들을 함께 공유했던 동료였다. 그저 그들을 머릿속에 떠올리는 것만으로도 입가 가득 함박웃음이 떠오르는 건 아마 그래서일 거다.

이 친구들은 첫 인상부터 웃겼다. 형님은 병효, 동생이 병철이.

형제임이 분명하건만 일단 생김새부터 영판 다르고, 하는 짓은 더 다르고, 심지어 먹는 것도 달랐다. 범생이틱하게 생겨서 까맣고 동그란 뿔테 안경을 연신 추켜올리는 것이 습관인 병효는 허허허~ 그저 맨날 사람 좋게만 웃는다. 하는 짓도 허허실실. 이것도 좋고 저것도 좋단다. 또 식성은 어찌나 좋은지, 같이 밥을 먹을라치면 세상에나 내 생전 이렇게 많이 먹는 사람은 보다 보다 처음 봤다. 앉은 자리에서 자기 밥 다 먹고 남의 밥까지 훔쳐 먹고도 모자라서 항상 뭔가 아쉬운 듯 쩝쩝 입맛을 다시고 있다. 그런 주제에 몰골은 죽 한 사발 못 얻어먹은 사람마냥 빼빼 말라가지고 국민약골 이윤석 저리가라다.

반면 동생인 병철이는 일본 만화 주인공인 명탐정 코난처럼 샤프하고 똑똑하게 생겼다. 평소에도 항상 책을 손에서 놓는 법이 없다. 그러다가도 무슨 위급상황이 생겼다 하면 발 벗고 나서서 순식간에 상황을 정리해 버린다. 전반적인 여행계획부터 숙소예약, 비상금 관리, 응급처치까지 거의 모든 일을 혼자 도맡아 빈틈없이 처리하는 게 어쩔 때 보면 칼날같이 날카롭게 느껴지기도 했다. 근데 자세히 들여다보면 이놈도 약간 허당의 냄새가 난다. 아닌 걸 가지고 끝까지 기라고 우기다가도 결국 끝에 가면 나 몰라라 오리발을 내민다. 그럴 때 보면 충분히 얄미울 수도 있는데 또 능글맞게 헤헤헤~ 몇 번 웃고 나면 금세 풀리도록 만드는 처세술이 여간내기가 아니다. 어찌 보면 천상 막내다운 기질도 다분하게 엿보인다.

정반대의 성격을 가진 두 형제가 장장 일 년 동안 세계여행을 한단다. 한국을 떠나온 지 벌써 6개월째 아시아와 중동, 유럽을 거쳐 남미

대륙까지 왔는데 이놈들 애기를 들어보면 이게 또 골 때린다.

진짜 눈물 없이는 들을 수 없는 그야말로 찌질한 스토리의 연속! 지지리 궁상도 이런 궁상이 없다. 한 가지 예를 들면 인도에서 있었던 일이다. 인도 전역을 신나게 돌아다니면서 인도의 향취를 듬뿍 즐기던 중 한 친절한 현지인 아저씨를 만나게 되었단다. 동네 옆집 아저씨마냥 인상 좋게 생겨가지고 주변관광도 시켜주고 맛있는 음식점도 소개시켜주는 등 그렇게나 잘 해주더란다. 자기 아들이랑 비슷하게 생겼다며 말끝마다 "마이 썬~ 마이 썬~" 그랬단다. 하지만 그렇게 조금씩 긴장의 끈이 풀려버린 어느 날 저녁, 식사초대를 받고 그 아저씨 집에 방문했던 것이 화근이었다. 순진한 미소를 머금고 건네주던 차 한 잔을 마신 직후 정신이 몽롱해지더니만 눈을 떴을 땐 이미 가지고 있던 모든 짐과 카메라, 현금, 여권까지 전부 빼앗긴 채 골목길 한쪽 구석에 버려져 있더란다. 독한 약 성분에서 덜 깨어나 정신이 몽롱한 와중에 여기가 어딘지도 모르는 컴컴한 길바닥 위에서 깨어났을 때의 참담한 기분이란 정말로 당해본 사람이 아니고서야 절대로 모를 것이다. 결국 대사관을 찾아가 피해신고를 하고 새로 모든 걸 다시 장만해서 여행을 계속 하고 있다는 결코 웃지 못 할 슬픈 이야기……. 그런데 이 해맑은 친구들은 이 오싹한 이야기를 마치 남의 이야기 마냥 너무나 아무렇지도 않게 마치 무용담처럼 늘어놓는 것이 아닌가? 사람이 좋은 건지 아님 그냥 무신경한 건지 아무리 시간이 지난 일이기로서니 여행이 문제가 아니라 생명이 왔다 갔다 할 뻔 한 위험천만 했던 기억일 텐데……. (그 자리에서 이야기를 듣고 있던 나조차도 머리가 쭈뼛쭈뼛 해질 만큼 무서웠음) 하여튼 대단한 친구들임에는 틀림이 없다.

그것뿐만이 아니다. 장터가 열린 재래시장에선 좀도둑들에게 둘러싸여 큰 화를 입을 뻔 하기도 했고 거리의 환전상에겐 위조지폐 사기를 당하기도 했단다. 또 산에서는 정체모를 벌레들에게 습격을 당해 양쪽 다리가 마치 도깨비 방망이 마냥 퉁퉁 부어오르기도 했다나? 그렇게 아마도 이 두 명의 용감한 형제들은 여행자가 겪을 수 있는 모든 사건 사고들은 죄다 경험하면서 다니고 있는 듯 했다. 사실 그 정도로 당했으면 나 같아선 벌써 예전에 여행을 때려치웠을 지도 모른다. 거기다가 형제간에 싸우기는 또 어찌나 싸워대는지……. 니가 잘났니? 내가 잘 났지? 하며 허구헌날 툭닥툭닥 대다가도 금세 또 화해도 잘 하고, 하여튼 이 형제들에게는 매일매일이 스펙터클했고 그야말로 바람 잘 날이 없었다. 웃기는 짬뽕 같은 놈들이다.

하지만 첫 만남부터 이상하게도 난 이 용감한 형제들이 마음에 들었다. 사실 배낭 여행자들의 천국인 유럽과는 달리 일단 남미나 아프리카처럼 어느 정도 오지에 가까운 곳에서 만나게 되는 한국여행자들은 하나같이 또라이? 기질이 있게 마련이다. 한국에 있을 때 남들한테 "넌 뭔가 좀 달라" 라는 소리를 심심치 않게 들어봤던, 딱 그런 정도의 "똘끼"는 있어야 서역만리 머나먼 이런 오지까지 여행한답시고 설치고 다닐 수가 있는 것이다. 그러나 독립심 강하고 역마살 넘치고 "내는 낸데~?" 스타일의 자기주장 심하게 강한 여행자들로 차고 넘치는 냉혹한 이 남미 땅에서 우리의 용감한 형제들은 어이가 없을 만큼 너무나 순박했다. 하루가 멀다고 숱하게 치고 박고 다투면서도 꿋꿋하게 맞잡은 손을 놓지 않고 서로 의지하며 여행을 계속 하는 그 두터운 우애가 참 부러웠다. 아마 내가 형이나 아우 같은 남자형제가 없어서 그런 것일지도 모른다. 모든 면에서 다른 듯 같고, 같은 듯 다른 좌충우돌 형제의 그 끈끈한 무엇이 참 좋아보였다. 그래서 그렇게 끌렸나 보다.

우연히 시작된 인연은 꽤 오랫동안 지속되었다. 함께 맞추픽추에 올라 점프 샷을 찍고 장기간의 파업으로 폐쇄되어버린 볼리비아 국경을 사이좋게 걸어서 넘어갔다. 통나무를 파서 만든 긴 카누를 타고 아마존에 들어가 아나콘다와 사투를 벌이기도 했고, 허접한 낚싯대로 식인 물고기로 유명한 피라니아를 잡아서 구워먹었으며 전설 속에 나오는 핑크 돌고래와 함께 수영도 했다. 백두산보다 세 배는 높은 산에서 장장 여섯 시간 동안 자전거를 타고 내려오는 죽음의 질주를 할 때에도 함께 했고, 지구상에서 가장 아름다운 풍경으로 유명한 우유니 소금사막에서 미친 사람들처럼 뛰어다니며 코믹한 사진을 찍기도 했다. 하루 24시간을 꼬박 함께 먹고 함께 자고 함께 싸우고 함께 생각을 공유하며 (비록 나만의 생각일 수도 있겠지만) 난 그렇게 좌충우돌 형제의 큰형으로서 조금씩 녹아들어갔다.

언제나 그렇듯 작별의 시간은 너무나 갑작스럽게 다가온다. 흔히 하는 말로 길 위에서 만난 인연은 결코 오래가지 못한다는 말이 있다. 서로의 시간과 경로가 일치하여 우연히 형성된 단기간의 동행, 그 이해타산적인 관계를 폄하하는 것은 아니지만 사람들은 길 위에서 너무나 쉽게 만나고 또 쉽게 헤어지곤 한다. 하지만 난 여행을 마치는 그날까지도 끝내 쉽게 헤어지는 일만큼은 쉬사리 받아들이지 못했다. 밝게 웃으며 악수를 하거나 뜨겁게 포옹을 하며 건강을 빌어주는 몇 개의 단어 따위를 주억거리면서도……. 난 항상 눈시울이 뜨겁게 달아올라 단

한 번도 상대방의 눈을 제대로 마주보지 못한 것 같다. 한달 간의 동행을 마치고 칠레로 넘어가는 관문에서 형제들과 헤어질 때에도 마찬가지였다. "밥 제때 꼭꼭 챙겨먹고, 병효는 병철이 잘 챙기고, 병철이도 형님한테 너무 대들지 말고 잘 지내!" 그야말로 케케묵은 늙은이마냥 판에 박힌 말들을 당부하면서도 연신 신발 밑창으로 애꿎은 땅바닥만 비벼댈 뿐 쉽게 돌아서지 못했다.

그런데 그들도 마찬가지였나 보다. 눈가가 벌게진 형제들 역시 그저 좌우로 크게 손만 흔들고 있다. 이 감정, 참 다루기 어렵다. 이럴 땐 여자가 부럽다. 마냥 펑펑 울 수 있는 계집애가 부럽다. 그리고 난 제대로 된 여행자가 되려면 아직 한참은 멀었나 보다.

세상엔 별난 사람들이 참 많아!

콜롬비아
미인들의 숲 속을 거닐다

콜롬비아 메데진, 세계여행을 때려치울 뻔 하다

Colombia

Medellin

〰〰〰〰〰〰〰

흔히들 이 세상에서 남미의 여자들이 가장 예쁘다고들 한다. 뜨겁게 내리쬐는 햇살에 보기 좋게 그을린 구릿빛 피부, 그리고 자그마한 비키니 수영복이 너무나 잘 어울리는 섹시하고 정열적인 여인들의 대륙인 남미. 막상 그곳에 가서 사람들에게 물어보면 남미에 있는 수많은 나라들 중에서도 특히 콜롬비아에 예쁜 여자들이 많다고 한다. 축복받은 나라 콜롬비아 내에서도 가장 미인들이 많이 산다는 도시 메데진Medellin. 그 메데진의 잘나가는 청춘들만이 모여든다는 전설의 유흥가 빠르께 제라스!Parque lleras. 설레는 가슴을 부둥켜안은 채 드디어 그곳에 도착했다.

남미대륙에 딱 도착한 순간부터 수도 없이 많이 들었다.

"무조건 메데진에 가봐! 거긴 천국이야~!"
"콜롬비아에 가면 꼭 빠르께 제라스에 가보세요!
완전 죽여줘요~!!"

결국 일부러 팍팍한 스케줄을 앞당겨서 불타는 토요일 저녁에 맞춰 메데진으로 왔다. 좋다! 제까짓게 대단하면 얼마나 대단하겠냐 이거야! 그래 한번 죽어보자!! 뜨거운 밤을 불살라 보는 거야~! 유후~

빠르께 제라스는 메데진 한 복판에 자리 잡고 있는 공원으로 공원 주위에는 수많은 클럽들과 바 bar 들이 널려 있어 메데진 젊은이들의 좋은 휴식처?로 이용되고 있다. 우리나라로 치면 압구정동이나 홍대쯤 되려나? 주변도 둘러볼 겸 조금 일찍 8시쯤 공원 앞에 도착했다. 용감하고 무식한 걸로 따졌을 땐 둘째가라면 서러울 한국의 열혈청년 네 명이 아예 작정을 하고 찾아왔으니 우리 앞엔 거칠 것이 없다! 아하하~

천천히 탐색을 시작한다. 공원 한편에선 브라질 전통무술인 〈까포에라〉 공연이 한창이다. 부드럽게 때론 빠르게 몸을 좌우로 흔들며 공격의 기회를 엿보다가 번개같이 발차기를 날리면 상대편 역시 날쌔게 공중제비를 돌아 방어태세에 돌입한다. 까포에라는 그 옛날 아프리카에서 팔려온 흑인 노예들이 창안한 운동 겸 무술로 항상 팔에는 수갑을 차고 있는 상태였기 때문에 어쩔 수 없이 물구나무를 서거나 발기술이 발달할 수밖에 없었다고 한다. 언뜻 보면 우리나라의 태극권과 비슷한 느낌이 나긴 하지만 아프리카 토속 음악을 배경으로 훨씬 더 다이나믹하고 파워풀하게 느껴진다.

"우와아아아~~~ 말도 안 돼~!!"
"형! 저기 보여? 인형들이 자꾸 움직여~! 어라? 웃기도 하네!"

빠르께 제라스! 한 마디로 정말 끝내준다.
점차 분위기가 무르익으면서 주변 골목마다 사람들이 빽빽하게 들어차는데 거짓말 하나도 안 보태고 딱 한눈에 들어오는 여자들 10명중에 8명 정도가 눈이 부실 정도의 미인이다. (나머지 2명은 그냥 평범한 미인?……) 얼굴은 소피마르소인데 몸매는 한채영 정도 될 법한 여인

콜롬비아 미인들의 숲 속을 거닐다

들이 널려있다. 이쪽을 보면 페넬로페 크루즈가 활짝 웃고 있고 저쪽을 보면 니콜 키드먼이 길거리 보도블럭에 아무렇게나 걸터앉아 맥주를 마시고 있다. 그야말로 비현실적인 광경 속에서 쿵쿵 울려 퍼지는 빠른 비트의 음악과 끊임없이 터져 나오는 미녀들의 웃음소리. 어쩜 그렇게도 "마른 글래머"들이 많은지 원~. 콜롬비아가 워낙 성형수술이 발달한 나라라고는 하지만 평소 원판불변의 법칙과 함께 과학의 힘에도 분명한 한계가 있다고 생각해 왔던 나로선 도저히 믿기지 않을 정도로 그 미인의 수가 압도적으로 많았다.

그 천국의 정글 속을 남미에선 보기 힘든 동양 남자 네놈이서 당당하게 뚫고 지나치니 모두의 눈길이 우리들 쪽으로 쏠리는 건 당연지사! 사실 여행을 다니면서 뼈저리게 느낀 것 중의 하나는 세계 어디를 가든지 간에 동양 여자들은 환대를 받고 인기가 높지만 동양 남자들은 대부분 무시를 당한다는 불편한 진실이었다. 명백한 인종차별이고 서럽기 짝이 없는 일이긴 한데 키 훤칠하고 코 오똑하고 이목구비 시원시원하게 생긴 백인 남자애들을 볼 때면 어쩔 수 없는 유전적 열등감과 안타까운 자괴감에 빠질 수밖에 없다는 것 역시 사실이다. 하지만 이곳의 분위기는 뭔가 좀 달랐다. 신기한 동물원의 원숭이 보듯 쳐다보는 게 아니라 마치 그들의 파티에 참석해준 소중한 귀빈을 바라보는 듯 한 시선? 그 순간만큼은 우리들 한명한명이 장동건이었고 정우성이었다. (우리 멋대로 느낀 걸지도 모르긴 하지만…… 뭐 좀 그러면 어때? 개인적으론 크게 나쁜 짓 한건 아니라고 생각함) 미인들의 숲 속을 뚫고 지나가는 그 삼삼한 기분은 마치 빨간 레드카펫이 깔린 아카데미 시상식에서 날고 긴다는 수많은 여배우들의 한가운데를 지나가는 느낌이랄까? 눈이 마주치는 수많은 여인네들에게 자연스레 눈인사를 건네니 그쪽에서도 재미있다는 듯 눈웃음으로 받아쳐준다.

오~ 친절하고 사랑스런 콜롬비아의 여인들이여! Mucho Bueno~! 정말 최고다!

하지만 그게 전부였다.

우리의 용감한 대한의 건아들은 한참을 그렇게 거리를 쏘다니며 눈호강만 실컷 한 뒤 결국에는 낡은 바 한쪽 구석에 조용히 쳐 박혀 앉아 맥주만 홀짝거리기 시작했다. 왜 그랬냐고? 뭐 화끈하고 신나는 에피소드 같은 건 없냐고? 에이~ 남사시럽게 어떻게 그들과 어울려 함께 흥청망청 놀 수가 있겠는가? 이게 다 동방예의지국의 체통을 지키고 자랑스런 대한민국의 이름을 더럽히지 않기 위해서다.

…… 미안하다.

솔직히 말하면 일단 그녀들에게서 뿜어져 나오는 포스 자체가 엄청 났기에 겁먹은 강아지마냥 기가 잔뜩 눌려버렸고 다들 어찌나 숫기가 없던지 주변만 얼쩡얼쩡 거릴 뿐 차마 말 한번 붙여볼 엄두도 내지 못했던 것이다. 더 솔직히 말하자면 이 무식이 통통 튀는 네 놈 모두 다 "배고파요!", "화장실이 어디에 있어요?" 따위의 서바이벌 스페인어만 구사할 줄 알지, "당신은 눈이 참 아름답군요~ 저희와 함께 불타는 이 밤을 보내지 않으시렵니까?" 같은 핵심 작업용 스페인어는 한 마디도 할 줄 몰랐던 것이다. 무엇보다도 무조건 얼굴에 철판 깔고 덤벼보겠다는 뻔뻔함이 결정적으로 부족했다. 남미에 와서 처음으로 언어의 중요성을 절실히 느꼈다. 진지하게 스페인어 공부에 도전해 보겠다는 굳은 의지가 무럭무럭 생겨나는 순간이다.

　사실 너무나 아름다운 그녀들과 함께 인증샷 한 장이라도 남기고
싶은 마음이 굴뚝같았지만 그저 넋 놓고 바라만 볼 뿐, 도저히 셔터를
누를 자신이 없었다. 미안~ 다음에 또 기회가 있겠지! 모…….

　하지만 그럼에도 불구하고 우리의 얼굴에선 미소가 떠날 줄 모
른다. 그저 좋다~ 헤헤~
　세계여행 다 때려치우고 이 축복받은 땅에서 장기체류를 심각
하게 고민하며 그렇게 콜롬비아의 밤은 깊어만 간다.

Mucho Bueno!

살콤살벌,
까닥
잘못하면
죽을 뻔 했다니깐!

사하라 사막의
밤은 길었다

모로코 마라케시, 전갈에 물리다

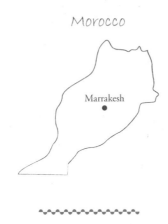

Morocco

Marrakesh

사방은 적막하고 밤하늘의 별들은 빼곡하게 빛나고 있다. 가만히 바라보고 있으면 와르르, 별빛이 쏟아질 것만 같은 낭만적인 사막의 밤. 마음이 아무리 돌덩이 같이 굳어진 사람도 절로 감동해 눈물을 흘릴 것만 같은 서정적인 기운이 감도는 이 곳. 나는 사막 한 복판에 쪼그리고 앉아 입고 있던 바지를 훌러덩 벗어 던지고!!! ……. 똥을 누고 있다.

'가녀린 어깨위로 슬픔이 연기처럼 피어오를 때 사랑을 느끼면서 다가선 나를 향해 웃음을 던지면서 술잔을 부딪치며 찬찬찬~'

한국을 떠나올 때만 해도 내가 사막 한복판에서 엉덩이를 홀러덩까고 트로트를 불러 제끼며 온 사막을 전세 놓은 양 질펀하게 똥을 누는 호사를 부릴 거라곤 상상하지도 못했다. 여행은 떠나 봐야 맛이라고 사막 트래킹 중 찾아온 한 밤의 여유는 세상을 다 가진 듯 내 가슴을 벅차오르게 했다. 나는 서서히 클라이막스를 향하듯 아껴 둔 힘을 다해 거대한 놈을 대장에서부터 힘차게 밀어 내며 상상할 수 없는 카타르시스에 도달하고 있었다. 그 때,

"아아아아아아아악~"

따끔따끔, 화끈화끈, 마치 불에 달군 꼬챙이로 생채기를 후벼 파는 듯 한 극심한 고통이 밀려온다. 머리끝부터 발끝까지 백만 볼트 전기로 지지는 것만 같다. 나는 하마터면 싸질러 놓은 똥구더기 위에 엉덩방아를 찧을 뻔 했다. 전갈에 물린 것이다.

그 짧은 순간에도 머릿속에선 온갖 생각들이 뒤죽박죽 떠올라 한바탕 떠들썩하게 헤집어 놓고 있다. '나 괜찮을까? 이러다가 죽는 거 아냐? 아아~ 그럼 안 되는데~ 나 아직 결혼도 못 해봤단 말야! 나 죽고 싶지 않다고~!' 그간 나름대로 바쁘게 살아온 인생살이의 순간들이 한컷, 한컷 주마등처럼 지나간다. 갑자기 엄마가 보고 싶다. 오랫동안 못 먹었던 짜장면과 삼겹살 생각이 간절하다. '아~ 죽는다는 게 이런 거로구나!' 울컥 눈가에 눈물이 고이기 시작한다. 제발 딱 하루만 더 살 수 있다면 결코 그 이상의 바람은 없을 것만 같았다. "아이고~ 나 죽네! 하나님아~ 부처님아~ 나 좀 살려 달라구요~ 네?"

팬티까지 추켜 입는 건 생각도 못하고 일단 옆자락에 곱게 개켜놓았던 빨간색 바지에 두 다리만 쑤셔 넣은 채 사람들이 자고 있을 캠프장으로 냅다 뛰기 시작했다. (어찌나 놀랬던지 앞뒤 거꾸로 입은 건 한참 후에서야 알았음) 멀찌감치 가물가물 보이는 캠프장의 불빛이 왜 그리도 멀게만 느껴지던지…… 간신히 도착해보니 무심한 일행들은 밤하늘을 가득 수놓은 별들을 이불삼아 영문도 모른 채 쿨쿨 자고만 있었다.

"다들 일어나 봐요! 나 전갈한테 물렸어요~!! 제발 목숨만 좀 살려주세요~ 잉잉잉~"

아닌 밤중에 홍두깨라고, 캠프장이 발칵 뒤집혔다. 사막의 모래바람 속에서 곤히 단잠을 청하던 사람들이 죄다 눈을 비비적거리며 일어나 하나둘씩 내 주위로 몰려들었다. 울긋불긋 하다 못해 점점 시커머죽죽하게 변해 가는 내 허벅다리를 보며 어떤 친구는 혀를 끌끌 차기도 했고 또 다른 친구는 고개를 절레절레 흔들기도 했다. 나름 의사면허가 있다는 영국 처녀가 준 알약 몇 개를 먹어보기도 했지만 그저 마음만 잠시 달래줄 뿐 근원적인 치료법이 아니란 사실을 그 누구보다도 더 잘 알았기에 (나 이래 뵈도 나름 수의사임! 흠흠~) 점점 더 커져만 가는 공포심은 브레이크가 고장 난 폭주열차마냥 극한을 향해 치닫을 뿐이었다.

그 때, 갑자기 눈부신 구세주가 나타났다.
푸른 빛깔의 커다란 터번을 머리에 둘둘 감고 온갖 세상의 풍파를 혼자 견뎌온 듯 깊은 주름살이 얼굴 전체에 자글자글한 히어로는 바로 낙타투어 가이드 할아버지! 말 그대로 사막의 거친 모래폭풍을 뚫고 바람같이 나타났다. 저녁밥 지을때 해먹느라 사용했던 커다란 가스통을 어깨에 짊어진 채 사람들 사이를 헤집고 들어와 기다란 쇠꼬챙이로 가스통 주둥이를 꾹꾹 눌러서 상처부위에 차가운 냉각 가스를 뿜어댔다. 잔뜩 압축되어 있던 고압가스는 사하라 사막을 통째로 삼켜버릴 듯 엄청나게 큰 소리를 토해내며 뿜어져 나왔고, 마치 타오르는 것처럼 쓰라리던 통증은 서서히 잦아들어 갔다. 그와 함께 미친 듯이 요동치던 내 마음 역시 점차 안정을 되찾아갔다.

"우선 이렇게 해두면 당장은 좀 덜 아플 거야! 지금까지 살아 있는 걸 보니 널 물었던 놈이 사하라 사막의 그 악명 높은 전갈은 아니었나 보네! 그 놈이 덩치는 조그마해도 엄청나게 큰 독침을 가지고 있거든! 만약 진짜 그 놈이었으면 아마도 너 정도는 딱 3분 만에 이 세상 사람이 아니었을껄! 천만다행으로 독이 좀 약한 전갈이었거나 독거미, 아님 독충 따위한테 쏘였나보네! 젊은이는 진짜 운 좋을 줄 알어~ 사하라 사막에서 동물들의 습격을 받고 목숨을 부지하는 게 뭐 그리 쉬운 줄 알아? 하지만 오늘 밤은 각오해야 될 거야~ 앞으로 스물 네 시간 동안은 무지무지하게 아플거라구!

내 생명을 구해준 영웅의 말씀 그대로 그야말로 지옥 같은 밤이 시작되었다. 화끈화끈 달아오르던 상처부위는 차갑게 급 냉각되었지만 예리한 칼로 도려내는 것 같은 날카로운 통증으로 바뀌어 밤새도록 나를 괴롭혔다. 자정이 넘어가면서부터는 갑자기 사방에서 모래바람이 거세게 불어 닥쳤고 머리 꼭대기까지 추켜올린 얇은 침낭 속에서 귓가를 맴도는 시끄러운 바람소리와 도저히 가라앉을 기미가 보이지 않는 통증으로 결국 잠 한숨 이루지 못하고 꼬박 밤을 새우고야 말았다.

이튿날, 퉁퉁 부어올라 있던 붓기는 좀 가라앉았지만 통증은 여전하다. 손끝만 닿아도 온몸에 전기가 통하는 것 마냥 머리카락이 쭈뼛쭈뼛 해지는데 덜컥덜컥 박자에 맞춰 위아래로 요동치는 낙타 등에 올라타고 울퉁불퉁한 모래사막을 가로 질러 오려니 진짜 죽을 맛이었다. 몇날 며칠 고문에 시달린 독립투사의 정신력과 같은 강한 인내심으로 버텨 간신히 마을에 도착했다. 결과적으론 진짜 정확히 딱 하루 동안 미친 듯이 아프더니만 그 다음엔 동전만한 흉터만 남기고 통증이 씻은 듯이 사라져 버렸다. 역시 현지 전문가는 뭔가 다르긴 다르더군.

"한 분의 노인이 세상을 떠나는 것은 한 개의 도서관이 불타버리는 것과 같다"

처음 사막 사파리를 인도하는 노인 가이드를 만났을 때 내 마음 속엔 걱정과 불안이 가득했다. 가이드가 우리를 인도하는 게 아니라 행여 사막에서 그분이 어찌 되진 않을까 노심초사하며 모시고 다녀야 할 것만 같았다. 관광객의 짐을 번쩍번쩍 들어 낙타에 실어주는 젊은 가이드를 보며 한숨이 절로 나왔다. 사실 우리의 할아버지 가이드는 짐을 들어 주기는커녕 오히려 우리가 할아버지를 업고 사막을 건너야 할 것 같이 연약해 보였다. 그러나 그토록 연약해 보였던 할아버지 가이드가 아니었더라면, 아마도 나는 사막 한복판에서 극심한 고통에 떼굴떼굴 구르다 기절했을 것이다. 아주 나쁜 경우 해독하는 방법을 몰라

죽었을 지도 모른다. 아니면 비록 목숨까지는 잃지 않았을지라도 죽음과도 같은 큰 고통 속에서 그보다 더한 끔찍한 두려움에 휩싸여 정신이 훼까닥 나가버렸을지 또 누가 알겠는가? "청년, 괜찮을 거야~ 조금만 참아!" 라는 그 한마디가 그 당시 내게 얼마나 큰 위안이 돼 주었는지는 아마 아무도 모를 것이다. 한 평생 사하라 사막의 거친 모래바람 속에서 살면서 차곡차곡 쌓아온 소중한 삶의 지혜 덕택에 또 한명의 철없는 청년은 목숨을 건질 수 있었다.

내 목숨을 살려 준 할아버지의 현명함에 다시 한 번 고개 숙여 깊은 감사의 마음을 전한다.

사하라 사막에서의 구사일생, 그 후...

결국 사하라 사막의 전갈은 나의 왼쪽 허벅지 안 쪽에 조그만 흉터를 남겼다. 가끔씩 그 흉터를 볼 때면 사막에서의 에피소드가 기억이 나 피식 웃음을 짓곤 한다. 당시 생명의 위협을 느꼈던 큰 일이었음은 분명한데 세월의 흐름 속에서 그런 일마저도 좋은 추억으로 기억된다는 사실이 흥미롭다.

요즘 한국에서는 쭈그리고 앉아 볼일을 보게 되는 경우가 극히 드물긴 하지만 행여나 산이나 야외에 갈 때 노상방변(?)을 해야 할 위기가 닥쳐오지 않도록 극도의 주의를 기울인다. 혹시 누가 아나? 가이드 할아버지도 없는 상황에서 한국형 전갈한테 물릴지……. 난 좀 더 오래 살고 싶다.

살콤살벌, 까닥 잘못하면 죽을 뻔 했다니깐!

Super Hero

Scorpion careful!!

결코
만나고 싶지 않았던 그 분

멕시코 과달라하라, 가방을 도둑맞다

Mexico

Guadalajara

"근데~ 너 가방 어디 있어?"

"응? 무슨 가방?"

"등에 매는 커다란 배낭 말고 작은 가방 가지고
있었잖아! 그거 어디 갔냐고?"

"뭐라고? 어어~ 어어~~"

그렇게나 우려했던 일이 결국 벌어지고 말았다.

언제나 조심하고 조심하고 또 조심한다고 했음에도 불구하고 막상
이런 일이 내게 벌어지고 나니 속수무책일 수밖에 없다.

멕시코에 도착한지 겨우 이틀, 과달라하라를 떠나 과나후아토로 가기 위해 아침 일찍 서둘러 숙소를 나서 버스터미널로 향한다. 표를 끊고 보니 탑승 시간까지 남은 시간은 2시간 남짓, 대합실 한쪽 구석에 자리를 잡고 앉았다. 사방에서 쏟아지는 시선들……. 어느 샌가 동물원 원숭이 바라보듯 뚫어지게 쳐다보는 사람들의 눈빛에 익숙해져 버린 모양이다. 뜨거운 관심 속에서도 꿋꿋하게 꼭두새벽부터 서두르느라 못했던 가방 정리를 하고 다이어리를 꺼내서 밀린 일기도 쓰고 그러던 와중 불현듯 서늘한 기분이 들어 고개를 돌려보니…….

……친구의 작은 가방이 보이지 않는다.

화들짝 놀라 패닉에 빠진 채로 주변을 샅샅이 뒤져보고 터미널 밖으로 뛰쳐나가 이리 뛰고 저리 뛰어 보지만 이 모두 허사였다. 보기 드문 구경거리에 웅성웅성 사람들이 몰려들고 경찰도 와서 스페인어로 뭐라고 물어보는 것 같긴 한데 말 한마디 안 통하는 경찰이 과연 무슨 소용이 있겠는가. 너무나 당황스럽고 한편으론 무섭기도 해서 온몸이 부들부들 떨렸다. 그야말로 눈 뜬 장님이 따로 없다. 눈 감으면 코 베어간다고 그랬던가? 우리가 영락없이 딱 그 꼴이 아니겠는가?

결국 경찰은 우리를 멀찌감치 떨어진 관광안내소에 데려가 통역을 통해 여러 가지를 물어보기 시작했다. 손짓발짓 다 동원해서 대화를 시도해보지만 어떻게 가방을 좀 찾을 수 있겠냐는 질문에는 고개만 절레절레 흔들 뿐 돌아오는 건 그저 잃어버린 가방을 포기하라는 대답뿐이었다.

한참이 지나서야 정신을 차리고 도난당한 물건을 파악하기 시작했다. 가장 중요한 여권을 비롯하여 노트북, 카메라, 신용카드와 체크카드까지. 여행하는 데 당장 꼭 필요한 너무나 중요한 물건들이 한 순간에 몽땅 사라져 버린 것이다. 차라리 현금을 도둑맞는 건 그나마 좀 낫지. 아는 사람 하나 없는 머나먼 이국땅에서 그나마 할 줄 아는 영어는 단 한 마디도 안 통하지, 여권이 없으니 미리 끊어놓은 비행기를 탈 수도 없지, 신용카드마저 없어서 돈 한 푼 찾을 수 없는 이건 그야말로 '망연자실', '설상가상', '속수무책' 그 자체였다.

결국 여권을 재발급 받기 위해 목적지를 한국 대사관이 있는 멕시코시티로 바꾸고 사건 수습에 나섰다. 일단 한국에 있는 카드회사에 전화해서 신용카드부터 정지시키려고 하는데 시간상으로는 30분도 채 안 되는 그 짧은 순간에 도둑놈이 약 100만원이나 되는 돈을 카드에서 빼내간 정황이 포착되었다. 기가 막힐 노릇이다.

무섭다. 정말 무섭다는 말밖에 할 말이 없다.
그래도 이 친구는 엄청나게 강한 정신력을 가지고 있는 것 같다. 꼬박 일 년 동안 세계 방방곳곳을 둘러보리라 야심차게 계획하고 시작한 여행, 출발한지 고작 일주일 만에 가지고 있던 거의 모든 주요 물품들을 도둑맞고 빨래들만 잔뜩 들어있는 커다란 배낭만 등에 짊어지고 있는 처량한 신세가 아닌가? 솔직히 보통 여자아이들이었으면 땅에 주저앉아 펑펑 울 법도 하지만 너무나도 씩씩하게 온갖 일들을 처리하고 있다. 옆에서 조금이나마 힘이 되어주고 싶은 마음에 비록 빈말이긴 해도 몇 마디 위로의 말을 건네 보지만 사실 그리 큰 도움이 되지는 못한 것 같다. 보면 볼수록 대단한 친구다.

　그건 그렇다 치고, 이 노무 도둑놈은 생각하면 할수록 괘씸하다. 물
론 몸 안 다친 게 어디냐고 할 수도 있겠지만 우리같이 헝그리한 배낭
여행자의 가방을 훔쳐가는 건 쫌 아니지 않은가? 그것도 모자라서 순
식간에 카드로 100만원이나 털어가는 용의주도함까지…… 그 신속한
빠르기와 대낮에 사람들이 빤히 쳐다보는 대합실에서 일을 벌인 대담
함, 그리고 그림자조차 남기지 않는 신출귀몰함은 허를 내두를 정도였
다. 좋은 경험 했다고 다시는 이런 일 안 당하면 된다고 스스로 열심히
위로를 해보지만 앞으로의 여정이 막막할 뿐이다.

　나쁜 놈! 못된 놈! 잘 먹고 잘 살아라! 카악~ 퉤~!

　※ 참고로 배낭을 도둑맞았던 이 친구는 남은 일 년간의 힘겨운 여
정을 무사히 마치고 몸 건강하게 한국으로 돌아갔다고 한다. 사람마다
운이라는 것이 존재하는지는 몰라도 이 친구는 나랑 헤어진 이후에도
두 번이나 더 도둑을 맞았다고 들었다ㅋㅋㅋ

나이트 클럽
꽃뱀에게 당하다

모로코 탕혜르, 여행자 경보 발생!

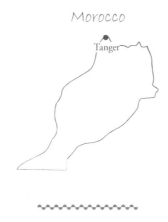

Morocco

Tanger

"까아아아아악~~"

택시 뒷자리에 앉아 있던 그녀가 갑자기 소리를 지르며 내 목을 조르기 시작했다. 옆 자리에 앉아있던 칼이 그녀를 진정시키려 갖은 애를 써보지만 이미 이성을 잃은 그녀에게는 아무런 소용이 없다. 급기야 앞좌석 시트에 반복적으로 머리를 찧으며 자해를 시도한다. 그녀의 갑작스런 행동에 너무나 놀란 칼과 나는 도대체 이 상황을 어찌해야 할지 도저히 모르겠다. 그 순간 택시기사가 슬그머니 차를 으슥한 골목 한 켠에 세우는 게 느껴졌다. 어둠 속에 숨어있던 서너 명의 사내들이 택시 쪽으로 접근하는 것이 보인다. '아……. 이놈들이 전부 한패였구나!' 그제야 번뜩 뇌리를 스치는 나쁜 예감! 그 예감이 결국 적중하고 말았다. 어쩐지 오늘밤은 왠지 나오기 싫더라. 아아아~ 이 위기를 과연 어떻게 넘겨야 하지? 젠장! 젠장~!!

여행하기에 약간은 지루했던 면이 없지 않았던 유럽을 뒤로한 채 스페인 알제시라스를 떠나 아프리카 모로코의 탕헤르까지 두 대륙을 넘나드는 대형 페리선 위에서 만난 칼은 멀리 미국에서부터 온 쿠바 출신의 변호사 친구다. 빼빼 마르긴 했지만 훤칠하니 키도 크고 꽤 잘생긴 편이다. 하지만 약간 소심한 듯 보이는 것이 흠이라면 흠. 짧게 자른 노란 머리와 곱슬곱슬한 노란 턱수염은 전형적인 '미국사람' 냄새를 강하게 풍긴다.

그는 자신의 조국 쿠바의 인권에 대해서 열변을 토하다가도 내가 잠깐 한 눈을 판 사이 금세 꾸벅꾸벅 졸고 마는 허술한 남자였다. 흥분할 땐 언제고 또 저렇게 금세 잠이 드나 싶지만 나쁜 사람은 아닌 것 같아 보여서 쉽게 친해졌다.

"헤이~ 칼~ 넌 모로코에 가서 뭐할 거야?"

"글쎄~ 우선 맛있는 음식들 잔뜩 먹고, 예쁜 양탄자도 하나 사고, 카사블랑카에도 한번 가봐야지! 그럼 넌?"

"나? 난 아직 아무런 계획도 없는데? 그저 사하라 사막에 가서 별이나 잔뜩 보고 싶어! 누가 그러는데……. 온통 깜깜한 그믐날 밤에 사막 한가운데에 누워서 하늘을 쳐다보면 마치 별로 만든 이불을 덮은 것만 같은 착각에 빠지게 된대! 별들이 진짜 무지막지하게 많다던데?"

"호오~ 그래? 그거 멋진데? 사하라 사막 갈 때 나도 좀 끼워주라! 가보고 싶어!"

"그래! 까짓것 그러지 모~"

우린 그렇게 순식간에 동행이 되었다. 모로코 땅에 발을 붙이고 같이 숙소를 잡고 같이 밥을 먹으며 돈독한 우정?을 쌓아갔다. 그렇게 운명의 밤이 점점 다가왔다.

"어이~ 조JO~! (여행 중 외국 친구들을 만날 때에는 언제나 그네들이 그냥 발음하기 편하게 "조JO"라고 내 소개를 하곤 했다. 가끔씩 풀 네임을 궁금해 하는 애들이 있긴 한데 "조오오~! 여어엉~! 구아앙~!"이라고 천천히 또박또박 불러줘 봤자, 어차피 그 다음날부턴 그냥 뚝 잘라서 "조JO"라고 부르기 일쑤였다. 이젠 그냥 그러려니 한다.)

"응? 왜에?"

"혹시 오늘 저녁에 클럽 안 갈래?"

"웬 클럽? 모로코에도 클럽이 다 있어?"

"그럼~ 여기 가이드북에 나와 있는데, 모로코에서 가장 크고 멋진 클럽이 여기 탕헤르에 있대~"

"호오~ 그래? 나야 좋지~! 함 가볼까?"

솔직히 그다지 큰 기대를 한 건 아니었다. 여성의 자유를 엄격하게 통제하는 이슬람 국가에서 클럽이라고 해봤자 솔직히 다 거기서 거기지 싶었다. 하지만 너른 해변에 자리를 잡고 번쩍번쩍 레이저 불빛을 사방으로 쏟아내고 있던 클럽 〈"트리플 에이AAA"〉의 입구 앞에 도착했을 때부터는 잔뜩 부푼 기대감으로 가슴이 쿵쾅쿵쾅 거리기 시작했다. 오케이~ 오랜 여행으로 지친 몸뚱아리, 오늘 밤 한번 화끈하게 불살라 보는 거야! 아싸~

클럽 내부는 바깥에서 보는 것보다도 훨씬 더 화려했다. 천정엔 현란한 사이키 조명이 정신없이 돌아가고 있었고 한쪽 벽에 조성된 실내 인공폭포와 고급스러운 인테리어는 마치 라스베가스를 방불케 하였다. 아직 때 이른 초저녁임에도 불구하고 이미 무대 중앙 스테이지엔 뿌연 스모그 속에서 쭉쭉 빵빵한 미녀들이 고혹적인 미소를 날려대며 흐느적대고 있었고 거기에 귀가 찢어질 정도로 크게 틀어놓은 유럽의 최신 일렉트로닉 뮤직까지……. 여기가 도대체 어디지? 모로코? 아니면 혹시 유럽 최고의 휴양지로 유명한 이비자섬Ibiza Island 아냐? 휘유~ 솔직히 어딘들 어떠하리! 이곳이 바로 지상낙원이고 이곳이 바로 무릉도원이라는게 중요하지! 와우~ 저기 저 아가씨는 진짜 끝내주는걸?

사실 이때 약간 눈치를 챘어야만 했다. 집밖에 나올 때는 온몸을 검은 천으로 칭칭 동여맨 채 눈만 빼꼼 내 놓는 것니캅도 모자라서 심지어 그 눈마저도 검은 모기장 같은 천으로 가리고 다닐 정도부르카로 엄격한 계율을 중시하는 이슬람 여인들인데……. 여기만 무슨 똥배짱이라고 짧디 짧은 미니스커트에 배꼽티만 입고 요염한 자태를 뽐내고 있겠냐는 말이다. 죄다 꿍꿍이속이 있는 것이고, 빛 좋은 개살구일 뿐이었다.

어쨌든 순진한 걸로는 세상에서 최고인 여행자 듀오 – 칼과 나는 그것도 모른 채 눈 오는 날 제멋대로 신이난 강아지들 마냥 스테이지를 여기저기 뛰어다녔다. 오색 창연한 칵테일과 얼음동동 띄운 버드와이저 맥주를 벌컥벌컥 들이키며 목이 터져라 치어스cheers를 외쳐댔고, 그런 우리들을 힐끔힐끔 쳐다보며 지들끼리 까르르 웃어대는 늘씬한

지중해의 아가씨들 속에서 천국의 밤은 무르익어만 갔다.

　　그러던 중, 한 아가씨가 우리들 무리로 다가왔다. 까무잡잡하고 조막만한 얼굴에 크고 깊은 눈두덩을 타고 높게 솟은 콧대가 한눈에 봐도 매력적이었다. (사실 이미 그 때쯤엔 술에 얼큰하게 취해 있었기 때문에 누가 와도 예뻐 보였을 지도 모른다) 키는 자그마했지만 날렵한 목선이 돋보이는 홀터넥 스타일의 드레스와 올록볼록 볼륨 있는 몸매는 그녀의 고혹적인 자태를 더해주었고 옆에 앉아도 되겠냐는 흠뻑 젖은 목소리는 우리를 금세 무장해제 시켰다.

　　이름은 잘 기억이 나지 않는다. (솔직히 기억하고 싶지도 않다.) 그녀는 영어를 잘 하지 못했다. 아랍특유의 "커흑" 발음이 섞인 독특한 영어로 떠듬떠듬 자기소개를 했지만 가래 끓는 소리만 날 뿐 당최 뭔 말인지 하나도 알아들을 수가 없었다. 하지만 그건 별 문제가 되지 않았다. 애간장을 녹일 듯 한 그녀의 눈웃음 앞에서 자랑스런 한미양국의 청년들은 발정난 개 마냥 헥헥거렸고 어느새 우리 테이블 앞에는 하얀 백조가 수놓아진 큼지막한 고급 보드카 한 병과 수많은 맥주병들이 기세등등하게 자리를 차지하고 있었다.

　　어느 샌가 그녀의 또 다른 친구들 몇몇이 옆자리에 앉았고 그들은 끊임없이 주문을 했다. 테이블을 가득 채우고도 남을만한 갖가지 안주들, 마시지도 않는 술은 얼음 담긴 투명한 글라스가 비워지기 무섭게 채워져 갔고 신바람 난 종업원은 굽신 굽신거리며 부지런히도 실어 날랐다.

　　우리는 그렇게 악마의 목구멍 속으로 제 발로 걸어 들어가고 있었다.

시간은 자정을 넘어 새벽을 향해 달려갔고 얼큰하게 술이 오른 그녀는 자리를 옮기자고 제안했다. 멀리서 우리를 주시하던 웨이터는 그녀의 손짓 하나에 쏜살같이 계산서를 들고 우리에게 돌진했다. 얼핏 기다란 종잇조각에 시선을 뺏긴 순간…… 갑자기 술이 화악 깨버렸다.

거기에는 가난한 배낭 여행자의 신분으로서는 상상도 할 수 없을 만한 금액이 적혀 있었다. 그건 모로코의 현지물가에 비교해 볼 때, 아마도 일반적인 모로코 성인의 몇 달치 봉급에 해당하는 액수였을 것이다. (우리가 먹고 마신 모든 술값에 잠시 옆에 앉았던 쭉쭉 빵빵한 아가씨들의 몫마저 뭉뚱그려 함께 올라와 있었다. 심지어 그녀들의 클럽 입장료와 거액의 팁까지 포함되서…….) 물론 현직 미국 변호사의 입장에서는 하룻밤 즐기기에 그리 많지 않은 돈이었을 런지도 모른다. 천만다행으로 적어도 나보다는 조금 더 취해있던 칼이 더없이 쿨하게? 신용카드를 꺼내들었고 모두의 박수갈채를 받으며 기분 좋게? 모로코의 관광수입을 잔뜩 늘려주었다.

하지만 명실 공히 모로코의 대표 꽃뱀으로 우뚝 선 그녀는 그것도 모자랐는지, 이미 클럽 앞에 대기하고 있던 택시에 우리를 태우고 어디론가 향했다. 이미 놀랄 만큼 놀라버린 난 무언가 심상치 않은 분위기를 감지하고 칼을 설득하기 시작했다.

"헤이~ 칼! 정신 좀 차려봐!"
"으으응? 어어~ 그래그래……. 근데 왜에? 무슨 일이야?"
"우리 지금 자꾸 이상한 데로 가고 있는 것 같아! 이거 뭔가 좀 이상하단 말야~"

"뭐라고??"

　그제야 사태의 위급함을 파악한 칼은 옆에 앉은 그녀에게 거칠게 상황설명을 요구하였고 분위기 변화의 낌새를 알아챈 꽃뱀녀는 갑자기 소리를 지르며 자해를 시작했다. 슬그머니 멈춰선 택시, 저 멀리 어두운 그늘 속에서 천천히 다가오고 있는 몇 명의 건장한 청년들, 정신줄 놔버린 여인, 그야말로 위기일발의 순간 속에서 칼과 나에게는 도저히 선택의 여지가 없었다.

　"우와아아아아아아악~!! 슉슉~ 우워어어어억~~~!!"

　우리도 같이 소리를 질렀다. '이거 여차하면 죽을 수도 있겠다!' 하는 생각이 들자 오히려 정신이 또렷해졌다. 우선 차문을 걸어 잠갔다. 그리고 나선 무조건 기사의 멱살을 잡고 미친 듯이 "Go~!! Go~!!"를 외쳐댔다. 서슬 퍼런 우리의 눈빛과 악마 같은 절규에 놀란 택시기사는 잠시 망설인 끝에 결국 부우웅~ 차를 출발시켰다. 시 외곽에서 중심으로 들어올 때까지 쉬지도 않고 거품을 문채 발악을 계속하던 꽃뱀녀를 택시에 남겨두고 우리는 다른 택시로 갈아탄 뒤 무조건 숙소로 향했다. 우여곡절 끝에 숙소에 다다른 우리는 문을 이중삼중으로 꼭꼭 걸어 잠그고 침대에 기어들어가 떨리는 가슴을 진정시켰다. 혹시나 밤중에 그녀의 일행들이 들이닥치면 어쩌나 심히 걱정이 되긴 했지만 다행히도 그런 일은 일어나지 않았고 그 다음날 새벽 우리는 서둘러 탕혜르를 떠났다.
　지금 생각해보면 그녀와 운전기사, 그리고 그늘 속에 있던 사내들

나이트 클럽 꽃뱀에게 당하다

이 한패가 아니었을 지도 모른다. 하지만 당시에는 우리들도 제정신이 아니었기에 그런 걸 따질 여력이 없었다. 그때의 공포심은 아직까지도 몸서리 쳐질 정도로 아찔하기만 하다. 그대로 끌려가서 큰 봉변을 당했을 수도 있고, 타국에서 쥐도 새도 모르게 사라질 수도 있었던 상황이었음에는 틀림이 없다. 다시 한 번 난 억세게 운이 좋은 여행자라는 사실에 감사를 드릴 뿐이다.

　p.s. 다음날 아침 칼이 바지 뒷주머니에 들어있던 카드 영수증을 확인했을 때의 표정은 가히 상상 그 이상이었다. (뭉크의 절규와 비슷한 형상??) 물론 나중에 어느 정도 보태주기는 했지만 지금이나마 이렇게 지면을 빌어 칼에게 심심한 위로의 말을 전해본다.

　Sorry~ Carl~!!

살콤살벌, 까닥 잘못하면 죽을 뻔 했다니깐!

국경에서
독방에 갇히다!

콜롬비아 이피알레스, 국경에서 만난 부패경찰

Colombia

Ipiales

~~~~~~~~~~~~~

여기는 콜롬비아에서 에콰도르로 넘어가는 이
피알레스라는 조그만 국경 마을. 국경을 넘는 버스 안에 동양인은 나
혼자 뿐이다. 그런데 갑자기 딱 봐도 얼굴에 '부패 경찰'이라고 쓰인 경
찰이 버스에 올라 신분증을 검사하기 시작한다. 내 차례가 되자 휘적
휘적 여권을 넘겨보더니 따라오라고 손짓을 한다.

순간, 여러 가지 생각이 머릿속을 스친다. 왜? 내가 동양인이라
서? 내가 이 버스에서 내리면 버스는 날 기다려 줄까? 이 버스가 떠나
버리면 다음 버스는 언제지? 아, 젠장. 뭔가 꼬인 거 같은데. 내 생각

을 알 리 없는 경찰은 독방에다 날 가두고 문을 잠근다. 어? 뭐지? 이거 뭔가 잘못 되도 한참 잘못 되어 가고 있는 것만 같다.

머릿속에서 온갖 시뮬레이션이 지나간다. 드디어 올 것이 왔구나. 콜롬비아 국경에서 이유 없이 엄청나게 돈을 뜯겼다는 한국 여행자를 만난 적이 있었다. 그 때는 '에이, 잘못한 것도 없는데 바보같이 돈을 왜 뜯기나, 말 좀 잘하면 되지!' 라고 생각했었다. 그 여행자는 내게 국경을 넘을 땐 조심하고 또 조심하라고 충고했다. 왜 난 그걸 홀랑 까먹고 여기 독방에 갇혀 있는 거지? 그래도 그렇지, 돈 몇 푼 뜯을 심산이라면 이런 대접은 너무한 것 아닌가? 가타부타 말도 없이 독방에 가둬 놓다니. 이건 분명한 인권유린 아닌가! 내가 이런 대접을 받을 정도로 잘못한 게 있나? 설마 어디선가 누명을 쓰고 지명 수배자가 되어 있는 건 아니겠지? 여권은 아직 저 녀석 손에 들려 있다. 이대로 여권을 받지 못한다면 난 남미에서 국제적인 미아가 되는 건가? 머리는 복잡해지면서 스팀이 뿜어 나오고 창문 하나 없는 갑갑한 독방은 더워서 미칠 것만 같다. 시간이 얼마나 흘렀는지 내가 여기서 뭐 하고 있는지 모르겠다는 불안감에 마치 〈올드보이〉의 오대수처럼 패닉상태에 빠져 갈 무렵 아까 그 '부패 경찰'이 문을 열고 들어섰다.

"도대체 왜? 뭐가 문젠데?"
급하다 보니 못 쓰는 스페인어가 마구 튀어 나왔다. 녀석은 능청스럽게 여권을 뒤적뒤적하더니
"도장이 너무 흐리잖아. 이게 콜롬비아 도장인지 알 게 뭐야." 라며 말도 안 되는 트집을 잡아 왔다.

"뭐라고? 너 국경 수비대 경찰이잖아. 그러면 국경 넘는 여권, 도장은 수도 없이 많이 봐 왔을 거 아냐. 근데 이게 그 도장인지 아닌지도 몰라? 도장 흐리게 찍은 게 내 잘못이야? 그 도장 내가 찍었어? 니네가 찍어준 거 아냐? 정 그렇게 아니꼬우면 직접 거기다가 전화를 해 보던지! 그쪽 세관에 확인해 보면 될 거 아냐? 안 그래?"

잠깐, 내가 스페인어를 이렇게 잘 했었나? 위급한 상황에 처하니 나도 모르게 스페인어가 술술 튀어 나왔다. 무엇보다 별 거 아닌 일로 이렇게 독방에 가두고 날 위협했다는 사실이, 아무 것도 아닌 걸로 돈 몇 푼 벌어 보겠다고 트집을 잡는 저 녀석이 얄미워 미칠 것만 같았다. 난 혼자 갇혀 있는 동안 이대로 누명 쓰고 죽나보다 싶어 심장이 터질 것 같았단 말이다. 그런데 뭐? 고작 도장이 흐리다는 이유로 나한테 시비 거는 거였어? 미친 거 아니야?

너무 흥분하고 날뛰다 보니 이미 돌이킬 수 없는 상황까지 흘러 가 있었다. 나는 두 눈을 시퍼렇게 뒤집어 까고 녀석의 멱살을 잡을 듯 들이대고 있었고 녀석은 순간적으로 허리에 찬 권총에 손을 가져가고 있었다. 그 순간 찬물을 끼얹듯 이성이 돌아왔다. 잠깐, 이러다 나 공무집행 방해죄로 구속되는 거 아냐? 그럼 다행이지, 혹시나 이 나라 법에 공무집행 방해자는 그 자리에서 쏴 죽여도 좋다 그런 법이 있는 건 아니겠지? 녀석이 손을 총으로 가져 간 순간 내 이성은 순식간에 자리를 되찾으며 차분해졌다. 나는 다시 논리적으로 (못 하는 스페인어를 최대한 활용해 논.리.적.으로……) 녀석을 설득하기 시작했다.
"나는 당신들이 문제 삼을 만한 어떤 잘못도 하지 않았어. 도장이 흐린 건 내 죄가 아니고, 나는 여기에 붙들려 있을 이유가 없어. 도대체 나한테 이러는 이유가 뭐야? 난 대한민국 대사관의 보호를 받는 대한민국 국민이야. 이런 부당한 처우를 당했다는 게 알려지면 당신에게도 좋을 일이 없을 거야."

어디서 그런 용기가, 어디서 그런 대담함이, 어디서 들도 보도 못한 스페인어가 그렇게 술술 나왔을까? 내 말에 '부패경찰' 녀석은 찔끔 찔리는 구석이 있었나보다. 나를 한참동안 쓱 노려보더니, 마침내 여권을 돌려주며 가도 좋다는 신호를 보냈다. 그가 그런 신호를 보내기까지의 약 몇 초간의 대치 상황이 내게는 마치 몇 십 년인 양 길게 느껴졌다.

나는 그 사이 녀석이 어떤 공격적 태도를 보이더라도 대처할 수 있게끔 온 몸에 힘을 주고 긴장 상태를 유지하고 있었다.

어디서나 들려오던 '재키 찬, 재키 찬' 하던 날 부르는 말처럼 솔직히 그 순간만큼은 진짜 성룡이 되어 높은 무공으로 녀석을 해치워 주고 싶단 마음이 굴뚝 같았다.

그러나 현실 속의 나는 녀석의 가도 좋다는 말이 떨어지자마자 여권을 홱 잡아채서 서둘러 독방을 나가, 날 기다리던 버스에 화난 듯 성큼 성큼 올라가 주저앉은 게 전부였다. 버스가 서서히 움직이기 시작하자 온 몸의 긴장이 풀리면서 그제야 심장이 미친 듯 요동치기 시작했다.

휴우~ 진짜 큰일 날 뻔 했다. 무슨 대담함으로 경찰에게 들이대 싸움을 걸던 거지? 아무리 죽지 않기 위한 최소한의 반항이었다고 하지만 너무 무모했다. 자고로 여행자에겐 세 가지 수칙이 있다.

❶ 길거리 좀도둑과 싸우지 마라!
괜히 몇 푼 아끼려다가 치료비가 더 나갈 수 있다

❷ 대사관 직원과 싸우지 마라!
괜히 어줍잖은 영웅심에 나섰다간 내 뒤에 오는 다른 한국 사람들이 피해를 볼 수도 있다

❸ 현지 경찰과 싸우지 마라!
괜히 철없는 하룻강아지 마냥 덤비다가 머나먼 이국땅에서 쇠고랑 차고 철창 속에 갇히는 경우가 생길런지도 모른다

어딜 가든 이 세 가지 불문율을 외쳐 대며 '알량한 자존심' 내세우지 말라고 사람들에게 조언하고 다니던 내가 아닌가? 그 후에 난 이 일을 마치 대단한 모험담처럼 말하며 '내가 그렇게 대들지 않았다면 내 뒤에 오는 또 다른 한국 여행자가 똑같이 당하지 않았겠느냐?' 면서 어설 픈 영웅 심리를 내세웠지만 실은 그러면 안 되는 거였다. 돈 몇 푼 떼어 주고 목숨 부지하는 게 낫지, 그 상황에서 그놈이 조금이라도 흉악한 녀석이었다면! 고개를 설레설레 내 젓는다. 진짜 십 년 감수했다.

이제 와 솔직하게 고백하는 거지만 그 때 난 너무나 불안하고 흥분한 나머지 이성을 잃어서 그 국경 경찰에게 대들었던 거다. 내 뒤를 밟을 후배 여행자들을 위해 이 한 몸 희생하겠다? 사실 그런 생각은 애시당초 없었다. 앞으로 그런 일이 생기면 또 유창한? 스페인어 실력으로 녀석들에게 꼬치꼬치 대들겠냐고? 절대, 네버. 정의보다 중요한 건 아무리 강조해도 모자란 안전 여행이다. 또한 더없이 슬프긴 하지만 그것이 바로 나약한 여행자 조영광이 긴긴 여행길에서 살아남을 수 있었던 노하우이기도 하다.

나를 세 번
뒤통수 친 여자

과테말라 안티구아, 페일런 찾아 삼만 리

Guatemala

●Antigua

~~~~~~~~~~~~~~~~~

"저기요~ 안녕하세요! 어느 나라 분이세요?"

"와우! 동양사람 진짜 오랜만에 보네요~ 전 대만에서 왔어요!"

"보아하니 꽤 오랫동안 여행하고 계시는 것 같은데……. 가방들이 엄청나네요!"

"헤헤~ 쫌 그렇죠? 저도 알아요~ 그래도 이 몬스터monster들을 이끌고 벌써 10개월 동안 열심히 다니고 있답니다! 사실대로 말하면 얘네들만한 게 하나 더 있는데 그건 덴마크에 있는 친구 집에 놔두고 왔어요! 아무리 제가 힘이 남달라도 세 개까지는 무리일 것 같더라구요"

과테말라 안티구아에서 그녀를 처음 만났을 때만 해도 그녀와 나의 인연이 이렇게 오래 지속될 줄은 꿈에도 몰랐다. 처음 만났을 때의 그녀는 동양인 만나기가 하늘에 별 따기보다도 어려운 남미 길바닥에서 우연히 만나게 된 (그래서 나름대로는 꽤나 반가웠던) 일개 룸메이트였을 뿐이다. 물 빠진 청바지에 노란색 후드티, 빵모자를 뒤집어쓴 그녀에게서 오직 '탱고'를 추기 위해 드레스 세 벌과 하이힐 일곱 켤레를 두 개의 트렁크에 빵빵하게 넣어 왔다는 얘길 들었을 때까지만 해도, '애 참 독특하네.' 하는 생각뿐이었다. 그런데 그런 페일런이 길고 긴 내 여행길에서 가장 기억에 남는 절친이 될 줄이야! 참 사람 인연이라는 게 알면서도 모르는 일이다.

페일런과 같은 호스텔에 묵은 지 삼일 째 되던 날, 그녀는 자기 몸만한 트렁크를 낑낑거리며 들고 오더니 다짜고짜 내게 떠맡겼다. 자기가 친구 따라 어딜 좀 가봐야 할 것 같은데 오늘 갔다 내일 올 테니 하루만 맡아 달라고. 그것도 한 개도 아닌 두 개 씩이나! 아니, 얘가 날 뭘 보고 이러나. 대체로 자신의 전 재산을 누군가에게 맡길 정도면 웬만큼 친분과 믿음이 없고선 안 되는 거 아닌가? 적어도 내 상식선에는 그랬다. 하지만 그 때까지도 페일런과 난 몇 번 이야기를 나눈 것이 전부일 뿐이다. 몇 번 대화도 하지 않은 생판 남인 내게 트렁크를 맡아 달란다. 나는 얼결에 그러겠다고 대답했다. 아마 그녀가 날 그렇게 믿어준다는 사실에 약간의 뿌듯함 같은 게 있었던 것 같다.

그러나 그녀의 짐을 맡은 후부터 나의 이틀은 가시방석이었다. 내 짐이야 그냥 던져놓고 누가 가져가면 잃어버렸거니 하겠지만 이건

남의 짐이니까 혹시라도 물건이 도난 되기라도 한다면 고스란히 물어
줘야 할 것 아닌가. 게다가 이곳은 치안이 고담시티만큼 허술한 과테
말라 아니던가. 시체라도 들었나, 금방이라도 터질 것 같이 빵빵한
트렁크는 잠금장치 하나 없이 어찌나 허술하던지, 나는 그녀가 짐
을 맡긴 이틀 동안 스페인어 학원에 가는 것 외엔 가방 근처를 서성
이며 가방 주인이 돌아오길 기다릴 수밖에 없었다.

　그런데 내일 아침이면 돌아오겠다며 호언장담하고 떠났던 그녀가
오전이 지나고 오후가 지나도 돌아오지 않았다. 해가 뉘엇뉘엇 져 가
는데 도저히 올 기미가 보이지 않았다. 나는 몇 번이나 로비와 카운터
를 들락거리며 페일런이 돌아왔는지 확인했고 호스텔 매니저는 돈이라
도 떼였냐며 궁금해 했다. 처음엔 화가 치밀었다. 아니 도대체 어떻게
생겨먹은 여자 길래 자기 짐을 태평하게 맡겨 놓고 온다 간다 말도 없
어? 그러다 창밖이 컴컴해지자 걱정이 되기 시작했다. 세상에 자기 짐
을 버려두고 사라지는 태평한 사람은 많지 않다. 게다가 트렁크 두 개
를 다 놓고 갔으니 그녀에겐 여분의 짐도 없을 거다. '혹시 돌아오다
무슨 일이라도 생겼다면? 그녀가 어디에 간다고 했더라? 누구랑 간다
고 했더라? 그녀의 이름이 뭐였지?' 내가 알고 있는 정보라곤 그녀가
대만에서 온 페일런이란 영어 이름을 쓰는 여자라는 것뿐이다. '혹시
실종신고라도 해야 하는 날엔 뭐라고 해야 하나. 저 가방을 열어보면
어떤 개인 정보가 있을까? 혹시나 정말로 시체가 들어있는건 아닐까?
여권을 두고 가서 어디에 갇혀있는 건 아닐까?' 정말 수만 가지 생각이
다 들었다. 내 평생 얼굴 몇 번 봤을 뿐인 생판 모르는 여자를 그렇게
걱정해 보긴 정말 그 때가 처음이자 마지막이 아니었을까 싶다.

그렇게 그녀가 돌아오지 않는 하룻밤을 전전긍긍하며 거의 뜬눈으로 밤을 지새우고 다음 날 아침이 밝았다. 오늘까지 기다렸다 돌아오지 않으면 나는 어떤 식으로든 행동을 취해야 할 것이다. 무슨 일은 없겠지, 제발. 그렇게 그녀의 가방을 지키기 시작한 지 삼일 째 오후, 띵동! 그녀로부터 메일 한 통이 도착했다. 자신은 지금 아티틀란 호수 근처의 빠나하첼이라는 마을에 와 있는데 그곳이 너무너무 아름답다는 것이다. 내게도 보여주고 싶을 만큼 혼자 보기 아까운 풍경이니 꼭 와 주었으면 좋겠다고, 자신이 숙소 다 예약하고 마중도 나올 테니 일단 버스만 타고 오라고 마구 꼬신다. 기왕 올 거면 자신의 짐도 가져와 주었으면 좋겠다는 말도 잊지 않는다. 그 땐 몰랐다. 그녀의 메일이 달콤한 악마의 유혹처럼 느껴지지만 사실은 그저 두 개의 트렁크를 아티틀란까지 옮기는 데 이용한 것에 불과하다는 것을! 나는 이틀 후면 과테말라에서 파나마로 비행기 타고 떠나야 하는 상황이었다. 내가 아티틀란에 가는 데 5시간, 새벽같이 출발해 재빨리 페일런을 찾아 짐을 전해주고 아티틀란 호수를 잠깐 구경한 뒤 다음날 해 뜨기도 전에 다시 버스를 타고 안티구아로 나와야 될 빠듯한 스케줄이었다. 그러나 '안 오면 평생 후회 할 만큼 아름다운 풍경' 이라는 말에 나는 속는 셈 치고 빠나하첼 행 버스에 올랐다.

그러나 날은 덥고 교통 체증도 없는데 버스는 왜 그다지도 느리던지. 내 배낭 두개에 페일런의 괴물 같은 트렁크 두 개까지, 마치 이삿짐 같은 짐을 들고 버스에 오르는 나를 향한 현지인들의 시선은 왜 그리도 따갑던지. 만원 버스에서 거대한 짐짝을 이러지도 저러지도 못한 채 나는 긴 터널과도 같았던 시간을 지나 드디어, 빠나하첼에 도착했다. 그런데 버스 정류장까지 마중을 나오겠다던 페일런은 어디에도 보이지 않았다. 아마도 도착 예정 시간보다 두어 시간 늦게 도착한 탓에 기다리다 가버린 듯 했다. 그녀가 묵는 호텔이 어디라고 했더라? 이구아나? 이과수? 둘 중의 하나였던 것 같은데 기억이 나지 않는다. 삐끼에게 물었더니 이구아나도 이과수도 있단다. 둘 중 하나, 못해도 확률은 50% 일단 찍어 보자! 나는 삐끼에게 이과수 호스텔을 물어물어 찾아갔다. 집요하게 달려드는 녀석에게 당당하게 '친구가 이미 방을 예약해 뒀다'며 튕겨 가면서. 버스에서 내려 작은 쪽배를 타고 (배가 하도 작아서 트렁크가 떨어지지나 않을까 전전긍긍했다), 쪽배에서 내려 수 킬로를 트렁크를 질질 끌고 걸어가 드디어, 드디어! 이과수 호스텔에 도착. 그러나 페일런이라는 여자는 투숙객 명단에 없단다.

그 때의 내 기분은 정말! ㅇㅇㅇㅇㅇㅇ아아아아아악! 아마 페일런이 옆에 있었다면 당장이라도 목덜미를 물어 뜯어버렸을지도 모른다. 내가 그녀의 이 거대한 두 개의 트렁크 때문에 지난 삼사일 고생한 걸 생각하면! 그걸 여기까지 끌고 오느라 젖 먹었을 때 비축한 에너지까지 전부 다 써 버린 걸 생각하면! 내가 그녀를 걱정하며 전전긍긍했던 날들을 생각하면!!!!! 그러나 당장 다음날 비행기를 타야했던 나는 어떻게든 이 거대한 짐덩어리를 페일런에게 전달해야만 했다. 이걸 들고 앞으로 남은 일 년의 세계여행을 할 수도 없고 누구한테 맡길 수도 부쳐버릴 수도 없는 일 아닌가. 내게는 일말의 선택권조차 주어지지 않았다. 나는 치밀어 오르는 분노를 꾹꾹 참고 그럼, 이구아나 호텔은 어디냐고 물었다.

안내 데스크에 있던 남자는 지도를 탁, 펼치더니 호수 이쪽 끝에서 저쪽 끝으로 줄을 좌아아악 긋는다. 이구아나 호스텔은 그곳에서 정확하게 호수의 반대편에 있는 곳이었던 것이다. 남자는 여기서 여길 둘러 가려면 차로 세 시간 걸리는데 그나마도 차가 잘 없으니 또 다시 배를 타고 가야 한다고 했다. 그런데 바로 가는 배는 없고, 천상 갈아타서 가야 하는데 배 시간도 그렇게 딱딱 맞춰 있는 게 아니라고 했다. 결국, 이구아나 호스텔까지 가는 데 안티구아에서 아티틀란으로 오는 것만큼의 시간이 걸렸다. 배 안에서 뒤뚱뒤뚱 떨어지려는 짐을 버둥거리며 끌어안으면서 나는 몇 번이고 다짐했다. 내 페일런, 이 여자를 만나면 이 모든 분노를 모두 쏟아 내리라! 어떻게 나한테 이런 고통을 줄 수 있지? 만난 지 일주일도 안 된, 겨우 몇 번 말만 주고받았던 대만에서 온 듣도 보도 못한 여자가 말이다. 머리에서 스팀이 쉴 새 없이 쏟아져 나왔다.

게다가 이구아나 호스텔에 도착했을 때 그렇게나 찾아 헤매던 페일런은 친구들과 석양을 구경하러 간 뒤였고 (그렇다! 석양. 난 새벽에 안티구아에서 출발했는데 석양 무렵에야 도착했다. 그런데 막상 도착해 보니 페일런은 친구들과 놀러 나가서 노닥거리고 있단다!) 그녀가 예약해 놨다던 내 방은…… 없었다! "예약? 그런 거 안 되어 있는데? 근처 모든 호스텔이 꽉 찼어. 그래도 잘 테면 여기 야외 해먹에서 자던가. 내가 특별히 너한테만 반값으로 줄께!" 아아아~ 호텔 직원마저도 날 놀리는 것만 같아 어찌나 서럽던지.

결국 페일런도 없는 그녀의 이구아나 호스텔에서 나는 또 잃어버릴까봐 전전긍긍 페일런의 짐덩어리들을 떠나지 못하며 바닥에 털푸덕 주저앉아 애꿏은 맥주만 들이켰다. 그런데 이 단순하고 철없는 여행자 조영광, 맥주 한 잔에 지난 고통들이 씻은 듯이 사라지는 거다. 페일런이 나들이를 끝내고 돌아왔을 땐 난 마치 절친을 만난 양 감격해 하며 반갑게 페일런을 끌어안았다. "페일런, 내가 널 얼마나 찾아 헤맸는지 몰라." (니 짐 때문에…… 엉엉엉)

웃는 얼굴에 차마 침 못 뱉는다고, 날 반가워하며 덥석 끌어안는 페일런을 향해 내가 새벽부터 지금까지 이곳을 찾아오느라 얼마나 힘들었는지 아냐며 차마 댓거리를 해 대지는 못했다. "오느라 많이 힘들었지?" 라는 페일런의 말에 씩 웃으며 "아냐, 뭐. 일단 만났으니 우린 신나게 놀자."라고 했을 뿐이었다. (절대로 영어실력이 부족해서는 아니다. 절대로!) 페일런은 한참 후 내 사연을 듣더니 무척 미안해하며 "조 Jo, 너는 성격이 정말 좋구나!" 라며 감격해 했다. 아마 그 때 욱 하는 기분을 참지 못하고 그녀에게 마구 해댔다면 나는 세계여행 중 만난 절친 하나를 잃어버리고 말았을 것이다. 비록 내가 본 건 망망대해처럼 막막한 호수를 두 번이나 가로지르며 본 풍경, 그리고 알싸한 맥주 한 잔과 함께한 아티틀란의 석양뿐이었지만 그 풍경은 그녀의 말처럼 '안 보면 후회했을 정도'로 아름다웠다. 그녀에게 짐을 전해줘야 한다는 책임감 덕분에 기어이 그곳을 찾아갔고 그래서 트랜스 젠더 파티도 하게 되었고 (궁금한 사람은 '미친 수의사, 지도를 훔치다'를 참고하시길)

페일런이란 누구보다 소중한 친구를 만나게 되었으니까.

monster

페일런은 지금......

페일런은 여행을 마친 후 대만에 돌아가 건축 디자이너로서의 삶을 살아가고 있다. 지금도 가끔 이메일을 주고받으며 서로의 안부를 묻곤 하는데 얼마 전에는 노벨상 수상자의 집을 설계했다고 하는 걸 보면 그 업계에서는 꽤 잘 나가는(?) 것 같다.

드레스 세벌과 하이힐 일곱 켤레를 캐리어에 넣고 다녔던 독특한 탱고 매니아 여행자로서 지금까지도 세계 각국의 탱고 페스티벌을 찾아다니며 일과 취미 두 가지 열매를 손에서 절대 놓치지 않는 능력자의 모습을 보여주고 있다. 누군가 내게 "친하게 지내는 외국 친구가 있나요?" 라고 물어올 때면 언제나 페일런의 모습이 가장 먼저 떠오르는 걸 느끼면서 그녀와의 인연이 오랫동안 지속될 수 있기를 간절히 바래본다.

난 절대로
당하지 않을 거야!

모로코 페스에서 만난 삐끼와의 슬픈 만남

Morocco

Fes

~~~~~~~~~~~~~~~~~

"이걸…… 마셔? 말어?"

꼬질꼬질한 잔에 딱 봐도 알콜 함량이 60도가 넘어갈 듯 한 독한 밀주가 찰랑거리고 있다.

내가 술잔을 집어 들자 핫산과 그의 아내, 여동생, 다섯 살 배기 딸에 네 살짜리 조카까지 열 개의 눈동자가 나를 빤히 보고 있다. 눈빛으로 '마셔! 마셔! 마셔! 마셔!' 라고 외치고 있는 것만 같다.

모로코. 숨이 턱에 찰만큼 덥고 세 발짝만 걸으면 대여섯 명의 삐끼가 달려드는 도시. 길에서 당나귀 한 놈이라도 마주칠라치면 온 몸을 벽에 딱 붙여 피해야 하는 좁은 골목이 미로같이 촘촘한 곳. 그 날고 긴다는 여행 가이드북의 대명사인 론리 플래닛조차도 지도 만들기를 포기했다는 그 좁은 골목 한구석 허름한 2층 집에서 나는 (좀 과장하자면) 죽음의 순간과 맞닥뜨리고 있다.

온갖 후회가 밀려온다. 이게 다 그놈의 '술!' '술!' '술!!!!!' 때문이다.

내가 지들 친구라도 되는 양 '재키 찬'이라고 부르며 밀어내도 밀어내도 달려드는 그놈의 삐끼 녀석들 때문에 내 정신은 송곳처럼 날카로워져 있었다. 훅훅 쪄대는 날씨에 길을 잃고 미로 같은 동네를 몇 시간씩 돌면서 삐끼 녀석들과 씨름하다 보니 그 무엇보다도 시원한 맥주 한 잔이 간절해졌다. 그러나 모로코는 공식적으로 금주국가다. 그 때 자신의 집에 직접 담근 술이 있다며 나를 유혹한 사람이 바로 핫산이다. 평소 같았으면 들은 척도 안 했을 텐데 '술'이라는 말에 마치 무엇에 홀린 양 그를 따라 나서고야 만 것이다.

핫산도 '재키 찬'이라며 나를 따라붙는 흔하디흔한 삐끼 중의 하나였다. 모로코 특유의 사우나 시설인 함만 우리나라 찜질방처럼 장작을 때서 땀을 빼는 사우나의 일종 한 번 하라며 끈덕지게 '사우나 함 안 해?' '어제도 안 했는데 오늘은 안 해?' '내일은?' 하고 넉살 좋게 치근덕거리던 녀석이었다. 좀 다른 점이 있다면 다른 녀석들보다 스무 배는 끈질기고 유난히 자주 마주쳐 이젠 동네 주민처럼 친근해졌다는 것 정도? 마치 베프라도 되는 양 순식간에 무장해제시키는 함박웃음을 지으며 '술 한 잔 하자'는 말에 홀리듯 따라 나섰던 건 굳이 변명하자면 그가 친근하게 느껴지는 그런 면 때문이었을 것이다.

그런데 이런 곳일 줄은 몰랐다! 핫산이 말한 '집'이란 곳은 우리가 말하는 그런 '집'이 아니었다. 사람이 사는 '굴'에 가까웠다. 벽도 바닥도 천장도 온통 흙이다. 가구라곤 삼십 년은 안 턴 듯 꼬질꼬질한 양탄자가 바닥에 하나 깔려 있을 뿐이다. 두어 평짜리 좁은 방에 자신의 가족 뿐 아니라 여동생까지 아이를 데리고 들어와 함께 산단다. 어른 셋 누우면 꽉 찰 공간인데 쟤들은 어디서 자나? 포개서 자나? 나의 당황스러움에도 아랑곳하지 않고 핫산은 싱글싱글 웃으며 가족들에게 나를 막 소개한 뒤 어디선가 꼬질꼬질한 잔에 술을 찰랑찰랑 채워온다. '마셔!' 하며 그가 술잔을 내게 들이민 순간, 나는 그제야 정신이 화악 들었다.

아! 드디어 올 것이 오고야 말았구나!

언젠가 인도를 여행하다 현지인 집에 초대되어 그들이 준 음료수를 마시고 어두운 뒷골목에 쓰러져 있다 깨어났다는 형제들의 후일담이 생각났다. 한 번의 실수로 가진 걸 다 빼앗겼다는 그들은 내게 '현지인들이 주는 음식은 아무 것도 먹지 말라!'며 신신당부를 했었다.

그뿐인가. 모로코에 오기 바로 직전 여행지인 바르셀로나에선 태연히 눈앞에서 가방에 든 지갑을 훔쳐가려던 소매치기 현행범을 목격하지 않았던가.

멀리 갈 것도 없이 불과 며칠 전 모로코에 온 첫 날부터 먹은 음식 값의 열 배가 넘는 금액을 바가지 씌우려던 식당 주인을 만나기도 했었다.

난 절대로 당하지 않을 거야!

돌다리도 두들겨 보고 건너고 두 걸음 뗄 때마다 소지품을 확인하는 안전 여행자 조영광! 모로코까지 1년여를 여행하면서 도난도 분실도 그 흔한 소매치기도 당하지 않았다. 그건 그만큼 내가 조심 또 조심하며 위험 요소를 요리 조리 피해 왔기 때문이다. 그러나 너무 자신하는 게 아니었다. 결국 내게도 이런 순간이 오고야 만 것이다.

'마셔!' '마셔!' '마셔!' '마셔!'

열 개의 눈이 호기심이 섞인 눈빛으로 날 빤히 보면서 외치고 있다.

'이 술을 마셔. 그 순간 넌…….'

눈빛이 흐려진다. 땅이 울리고 하늘이 흔들린다. 바닥에 쓰러진 그 순간, 내가 가진 모든 것을 빼앗기고 뒷골목 한구석에 버려진 채 3일 후에 발견될 거다. 아니, 발견되면 그건 그나마 행운이다. 동양인이라곤 눈 씻고 찾아봐도 찾을 수 없는 이 모로코 땅에서 쥐도 새도 모르게 사라지는 거다. 마치 악마의 손길처럼 나를 향해, 내 소지품을 향해 스물 스물 다가오는 열 개의 손이 느껴진다. 열 개의 눈동자가 내 머리 끝부터 발끝까지 엑스레이 찍듯 온 몸을 샅샅이 훑는다.

"안 돼!"
나는, 나도 모르게 한국어로 소리를 빽 지르고 말았다. 순간 날 바라보던 열 개의 눈동자가 깜짝 놀라 동시에 깜빡거렸다. 나는 내동댕이치듯 잔을 바닥에 내려놓고 뒤도 돌아보지 않고 도망쳤다. 여기서 나가야 한다. 그것만이 내가 살 길이다. '재키 찬!' '재키 찬!' 간절히 나를 부르는 핫산의 목소리를 뒤로하고 나는 어디인지도 모르고 어디로 가는지도 알 수 없는 모로코 페스의 골목길을 무작정 뛰어 도망쳤다. 정신을 차려 보니 낯선 골목길 한가운데에 석양을 맞으며 나 혼자 서 있었다.

'후유……' 한숨이 나왔다. 살았다. 하마터면 죽을 뻔 했어. 그럼 그렇지, 나는 절대 속지 않아. 그런데 가슴 한 곳에서 스물 스물 기어 나오는 이 열패감은 뭘까. 그제야 나는 호기심 가득한 눈빛으로 나를 보며 마냥 수줍어하던 핫산의 딸에게 작별인사조차 전하지 않았다는 사실을 깨달았다. 따뜻한 미소를 지으며 날 초대해 준 핫산에게 초대해 줘서 고맙다는 인사도 물론 하지 않았다. 마치 그가 강도나 사기꾼이라도 되는 양, 내게 무슨 해코지를 할까 두려워서 마냥 도망쳤을 뿐이다. 그런데 그가 나에게 한 일은……. 아무 것도 없다. 그는 여정에 지친 여행자에게 직접 담근 술 한 잔을 대접하고 싶어 했을 뿐이다. 그저 나 혼자 두려워 도망쳤을 뿐.

처음 여행을 떠나오면서 나는 꿈에 부풀었었다. 최대한 많은 사람을 만나고, 최대한 많은 현지인 친구들과 친분을 쌓고 지금까지 경험해 보지 못한 모든 걸 다 해보리라. 그러나 막상 길 위에서 나는 어땠던가. 내가 가진 것을 꽁꽁 여며 쥐고 잃지 않으려 동동거리면서 내 한 몸 건사하는 걸 지상 최대의 목표로 여기며 여행해 온 건 아닌가. 초심을 잃고 매일 '당하지 않겠다!'는 생각으로 하루하루 살아온 건 아닐까.

세계 최고의 미로 도시 페스의 눈물겹도록 아름다운 석양 아래에서 나는 하염없이 슬퍼졌다. 여행자에게 베푸는 단순한 호의조차도 사기가 아닌지 의심해야 하는 세상이 슬프다. 그런 사기꾼이 있어 슬프고 당한 사람이 있어 슬프다. 무엇보다 끊임없이 현지인의 호의를 의심하는 내가 슬프다.

엉터리 선생님을
만나 죽음의 공포를 느끼다
탄자니아 잔지바르, 물고기 밥을 주다

Tanzania

● Zanzibar

〰〰〰〰〰〰〰〰〰

세계 최고의 스쿠버 다이빙 포인트 중의 하나, 아프리카의 일부이긴 하지만 주민의 90%가 무슬림^{이슬람교 신자}이라서 오히려 아랍 쪽의 냄새가 강하게 풍기는 곳, 아름다운 바다와 다양한 먹거리로 인해 새롭게 떠오르는 신혼 여행지의 하나로 손꼽히는 이곳은 탄자니아 다르에스살람에서 배로 3시간쯤 떨어져 있는 잔지바르 섬이다. 오랜 여행으로 지칠 대로 지친 몸도 추스르고 헤이해진 정신도 가다듬을 겸 찾아왔다. 물론 스쿠버 다이빙도 그 목적 중의 하나!

잔지바르 섬 항구에 도착해서 트럭을 개조한 낡은 버스로 갈아타고 섬의 북쪽 꼭대기에 있는 〈눙귀〉라는 작은 마을을 찾아갔다. 이곳이 바로 전 세계적으로 유명한 스쿠버 다이빙 포인트! 다이빙을 좋아하는 사람이라면 평생 꼭 한번은 와보고 싶어 하는 다이빙의 성지라고 할 수 있다.

마을에 도착하자마자 서둘러 다이빙 센터를 찾아 나섰다. 각 리조트마다 작은 규모의 다이빙 센터들이 난립하고 있어 어디가 더 좋은지 더 안전한지에 대한 정보를 얻기가 힘들었다. 헝그리 여행자 주제에 마냥 비싼 곳으로 선택할 수는 없는 법. 손짓발짓으로 동네사람들에게 제일 싼 곳이 어디냐고 물어물어 간신히 찾아간 곳은 딱 보기에도 영~ 초라해 보이는 다이빙 센터였다. 간판 따윈 온데간데 없고 다이빙 수트며 산소통이며 낡을 대로 낡아 먼지가 뽀얗게 앉아 있는 것이 개점휴업 상태로 파리 날린지 꽤 오래된 듯 했다.

(왜 이때 다른 곳을 찾아갈 생각을 못했는지……. 항상 느끼는 거지만 '싼 게 비지떡'이라는 옛말만큼 원초적인 후회의 감정과 맞닿아 있는 속담이 없는 것 같다. 사실 이때까지만 해도 잠시 후 죽음의 공포가 닥쳐오리란 건 꿈에도 몰랐다.)

꺼림칙한 기분을 안고 문지방을 들어서니 배가 뽈록하게 튀어나온 흑인 아저씨가 대낮부터 소파에 대자로 뻗어 늘어지게 낮잠을 즐기고 있다. 큼지막한 얼굴에 두툼한 입술, 가슴을 온통 뒤덮고 있는 까맣고 꼬불꼬불하게 말린 털들이 특히 인상적이다. 흠흠~ 인기척을 내니 후다닥 일어나 호들갑을 떨면서 급히 맞이한다. 어떻게든 손님을 받고야 말겠다는 강한 의지가 엿보이긴 하다만 그다지 사람이 나빠 보이진 않앉기에 일단 설명부터 들어보기로 했다.

"저 다이빙 한지 꽤 오래됐는데…… 괜찮을까요?"
"오케이~ 노 프라블롬!!"
"오늘 아침에 팬케익을 좀 많이 먹은 것 같긴 한데…… 괜찮을
까요?"
"오케이~ 오케이~ 노 프라블롬!!"

…… 무조건 괜찮단다. 아무 문제도 없단다. 수백 명도 넘는 관광
객들이 여기서 무사히 다이빙을 즐기고 갔고 다이버 마스터인 자기가
함께 할 거라며 무조건 걱정하지 말란다. 걱정 반 의심 반의 눈초리를
마구 날리니 구석에서 뒤적뒤적 다이빙 강사 라이센스 몇 장을 꺼내서
보여준다. 듣도 보도 못한 협회에서 발행한 것들이었지만 그래도 없는
것보다는 낫겠지 하는 생각에 믿고 계약을 마쳤다. 이유는 오로지 하
나! 주변 다이빙 샵들보다 월등하게 쌌다.

통통통통…….
역시나 잔뜩 낡은 배를 타고 앞바다로 나간다. 어라? 근데 바닷물
색깔이 그야말로 총 천연의 에메랄드빛이다! 바다를 가르고 질러가는
뱃머리에 부딪혀 파랗게 부서지는 물방울 알갱이들이 강렬하게 쏟아
지는 태양빛을 받아 반짝반짝 빛난다. 어떻게 이런 색깔의 바다가 존
재할 수 있는지……. 카메라 렌즈로는 도저히 담아낼 수 없을 만큼 선
명하고 파란 바다가 사방에 펼쳐져 있다. 나름 태평양·대서양·인도
양·지중해·카리브 해까지 두루 섭렵해 왔다고 자부했는데 이곳의 바

살콤살벌, 까닥 잘못하면 죽을 뻔 했다니깐!

닷물 색깔이 가장 예쁜 듯! 말로 설명하기 힘든 다양한, 그리고 눈부시게 화려한 색들의 향연 속에 빠져 허우적거리고만 있다.

몇 가지 간단한 주의사항을 듣고 곧장 바다 속으로 입수했다. 물 반 고기 반, 빼곡하게 들어찬 물고기 떼를 헤치고 조금씩 밑으로 잠수해 들어가니 이내 환상적인 산호초들이 눈앞에 떠오른다. 커다란 나무만 한 놈도 있고, 사방팔방 기묘하게 자라나 그 자태를 한껏 뽐내고 있는 놈들도 있다. 어지럽게 얽힌 산호초들의 가지 사이로 가지각색의 열대어들이 잽싸게 활보한다. 형광 노랑, 짙은 코발트 혹은 너무 빨갛다 못해 핏빛으로 물든 이름 모를 물고기들, 툭툭 불거진 두 눈을 이리저리 열심히 굴리며 먹이를 찾고 있는 곰치들, 하늘하늘거리는 물풀에 붙어 조용히 숨죽이고 있는 해마들, 뒤뚱거리며 커다란 집을 등에 지고 기어가는 소라, 집채만 한 거북이들까지……. 어찌 보면 고요한 바닷속 깊은 곳에서는 육지 위에보다도 더욱 더 많은 생명체들이 활발하게 각자의 삶을 영위하고 있는 것만 같았다. 그 순간만은 나도 그 무리들 중의 하나로 동화되었다.

그런데 갑자기 뜻하지 않은 사고를 만났다. 좌우로 심하게 요동치는 배를 탔던 것이 문제였나? 아니면 황홀한 바다 빛에 취해 너무 오랫동안 바다를 바라봤던 게 화근이었나? 가벼운 점심식사를 하고 약간의 멀미 증상을 느끼긴 했지만 괜찮겠지 하며 두 번째 다이빙을 시작. 열심히 바다의 낭만을 즐기던 중 갑자기 꿀렁꿀렁~ 구토가 치밀어 오르기 시작한 것이다. 정신을 가다듬고 몇 번을 되삼키며 속을 진정시키려 노력해 봤지만 그것도 잠시, 시커먼 바다 속 20m 아래에서 왈

칵! 토사물이 분출되었고 그 바람에 그만 입에 물고 있던 산소 호흡기를 놓쳐버렸다. 턱하니 숨이 막히면서 엄청난 공포가 한꺼번에 밀려들었고 머리가 깨질듯이 아팠다. 처음 겪는 일이라 너무나 당황해서 어찌해야 할 바를 몰라 순간적으로 패닉 상태에 빠져버렸다. 아무것도 보이지 않았고 아무것도 들리지 않았다. 그저 모든 것이 답답하게 느껴질 뿐이었다.

결국 옆에 있던 다이브 마스터에게 손짓으로 긴급 상황임을 알리고 무조건 물 위로 부상하기 시작했다. 잠수 중 갑자기 물 밖으로 나올 경우 혈관 속에 생성된 질소기체로 인해 자칫 잘못하면 사망에 이를 수 있는 큰 부상을 입을 수도 있기 때문에 항상 물표면 아래 3m 지점에서 5분간 "안전정지"라는 걸 시행하도록 교본에 나와 있다. 하지만 그 상황에서는 내게 그럴만한 여유가 전혀 없었다. 미친 듯이 헤엄쳐 물 위로 떠오른 뒤 급히 산소마스크를 벗어제끼고 바다 한 가운데에서 다시 한 번 뱃속의 모든 것을 쏟아냈다. 잠시였지만 죽음의 공포를 느꼈기에…… . 입술이 새파랗게 질리고 추위와 공포에 몸이 덜덜 떨려왔다.

이런 긴급한 상황 속에서도 이 망할 놈의 다이빙 강사 아저씨는 옆에서 연신 히죽거리고만 있다. 까맣게 타버린 내 속도 모르고 해맑은 표정을 지으며 나한테 물었다.

"어땠어? 산호들 예쁘지? 물고기들도 엄청 많고! 근데 너 왜 이렇게 빨리 올라왔어? 무슨 일 있었어?"
"……"

하도 어이가 없어서 눈물을 글썽거리며 자초지종을 설명하니

"아~ 그랬어? 나한테 신호를 보냈다고? 어라? 못 봤는데……. 에이~ 물고기들만 좋았겠네! 오랜만에 맛있는 먹이 먹어서! 아하하~ 아하하~"

속이 부글부글 끓어오르는 게 느껴졌지만 도저히 대꾸할 여력이 남아 있지 않아서 그냥 관뒀다. 내가 저놈을 붙잡고 무슨 얘기를 하리? 아름답고 멋진 줄로만 알았던 스쿠버 다이빙이 지옥같이 느껴졌던 순간! 그동안 내가 너무 만만히 봤던 것일까? 그래서 바다가 내게 최초이자 마지막으로 경고를 보내온 것일까? 무엇이 되었건 간에 아마도 한동안은 내게 스쿠버 다이빙을 다시 할 만한 용기가 생길 것 같지가 않았다.

어쨌든 아직까지는 살아남았다. 죽지만 않으면 여행을 계속할 것이라는 내 다짐. 여전히 유효하다!

정신적 피해 보상이고 뭐고 다 필요 없다. 그냥 엄마가 보고 싶을 뿐이다. ㅠㅠ

다이빙 사고, 그 후 ……

잔지바르에서의 사고를 겪은 후로 꽤 오랫동안 스쿠버 다이빙을 즐길 용기가 생겨나지 않았다. 이런 걸 "외상 후 스트레스 장애PTSD"라고 하던데……. 겨우 극복을 하긴 했지만 그 때 받은 트라우마는 쉽게 없어지지 않을 듯하다.

사실 그 후에 태국과 필리핀 근교에서 스쿠버 다이빙에 나섰고 깊은 바다 밑에서 또 다시 오바이트를 한 적도 있다. 그래도 예전만큼 당황하거나 패닉 상태에 빠지는 일은 없다. 그저 호흡기를 잠시 입에서 빼고 토사물을 툭툭 털어버린 후 다이빙을 이어나간다. 오히려 내 주위로 몰려든 물고기 떼를 흐뭇하게 구경하는 여유까지 부리는 나를 보며 스스로 대견해 하고 있다. 역시 사람은 적응하게 마련이다.

scuba diving

Okay! no problem~

CHAPTER4

타인의
삶,
넌 행복하니?

빈민가의
아이들

남아공 케이프 타운,
실천하지 않는 진심은 진심이 아니다

South Africa

● Cape Town

〰〰〰〰〰〰〰〰〰〰

아이들이 달려든다. 칠흑같이 까만 얼굴에 백
설기처럼 하얀 눈자위가 유난히도 돋보이는 아이들. 높이 치켜든 흑
인 가이드의 주먹에는 싸구려 볼펜이 한 묶음 쥐여 있다. 아이들은 볼
펜 한 자루를 얻기 위해 너나 할 것 없이 발뒤꿈치를 바짝 치켜들고 하
늘 높이 손가락을 뻗어본다. 유난히 키가 작은 꼬마는 혼신의 힘을 다
해 폴짝폴짝 뛰어보지만 한동안은 볼펜을 쟁취할 가능성이 극히 희박
해 보인다. 그 모습이 너무도 사랑스럽다며 얼굴 만면에 미소를 띤 채
연신 플래시를 터트려 대는 백인 관광객들. 그리고 어이가 없다는 듯
기막힌 얼굴로 그 모습을 바라보고 있는 아시아에서 온 노란 원숭이 청

년. 또 그 모습을 멀리서 지켜보고 있는 이 땅의 주인이자 아이들의 부모들은 지극히 무표정한 눈빛으로 그저 바라만 보고 있을 뿐이다.

아프리카 트럭킹의 첫 코스로 어엿하게 자리 잡은 빈민가 투어다. 이름에서 알 수 있듯이 남아공에 여행을 온 사람들이 아프리카의 빈민가를 '구경' 하는 것이다. 투어라는 단어는 눈요기에 가깝다. 이제는 사라져 버린 희귀한 어떤 것을 보거나 주변에서 흔히 볼 수 없는 것을 보러 갈 때 우리는 투어라는 말을 쓴다. 그런 의미에서 빈민가 투어는 내게 낯설다. 서울 곳곳에도 빈한한 이웃들은 많다. 한 평짜리 쪽방에서 살거나 월세를 내지 못해 날 방을 찾아드는 사람들, 끼니를 해결하지 못해 급식소에 줄을 서고 잘 곳을 찾아 서울역으로 지하철로 찾아드는 노숙자들. 빈민이라는 존재는 내가 사는 곳과 그리 멀지 않은 곳에도 존재한다. 지척에 있는 내 고향땅의 이웃을 돌보지도 않는 주제에 지구 반대편 아프리카의 난민촌을 구경한답시고 찾아 나선 내 표정이 편치 않은 이유가 거기에 있다.

백인들은 거리낌 없이 카메라를 들이대 사진을 찍고 초콜릿이며 펜이며 가진 것들을 나눠 주고 아이들을 끌어안고 사진을 찍는다. 빈민가의 아이들은 잠깐 스쳤다 가는 사람들에게 자꾸만 안아 달라 하고 안기면 해맑게 방싯방싯 웃는다. 그저 연거푸 방싯방싯 웃으면 먹을 것도 생기고 돈도 생긴다. 자꾸 안아 달라며 미소 짓는 아이와 사진을 찍고 적선하듯 자신의 것을 나눠주는 백인들이 무슨 마음을 갖고 있는지 나는 모른다. 그저 이상하게 마음 한구석이 콕콕 쑤시듯 불편하다. 우리들이 저들보다 과연 무어가 더 잘 낫다고 선심 쓰듯 베풀며 생색을 내는 것인가, 그것이 진정 저들을 위한 일인지 판단이 서지 않는다. 저들은 무얼 바라고 웃는 걸까, 진심으로 좋아서? 몇 분 왔다 가는 이들이 반가워서 안아 달라는 것일까. 짧은 생각이 길어질수록 머리가 지끈거린다.

후덕한 백인 여자에게 안겨 있던 몸집이 작고 눈이 유난히 까만 아이가 나를 빤히 쳐다본다. 방싯방싯 웃던 아이의 표정에서 웃음이 거둬지고 도발적이고 반항적인 시선이 나를 뚫어지듯 주시한다. 순간, 아이와 나 사이에 장막이 걷혔다. 아이는 알고 있다. 내가 지금 심히 불편하다는 것. 아이는 내 진심을 안다. 순간 아이의 진심이 말을 걸어오는 것만 같았다.

"내가 좋아서 안아달라는 거냐고? 내가 좋아서 웃고 있냐고? 왜 이래, 아닌 거 알잖아. 이건 거래야. 너희들은 얄팍한 선행을 베푼다는 생각에 자기만족을 얻지. 너희들에게 만족감을 주고 기념사진을 찍게 하는 댓가로 난 물질을 얻어. 세상 모든 건 기브 앤 테이크의 원칙으로 굴러가지. 난 지금 노동을 하고 있는 거야. 최대한 적극적으로, 최대한 불쌍하게, 최대한 비굴하게. 그게 나의 역할이고 난 최선을 다하고 있는 거야. 날 안고 있는 이 뚱뚱한 아줌마가 그걸 모를 것 같아? 알아, 알지만 모른 척 하는 거야. 그래야 불쌍한 흑인 아이에게 삶의 희망을 주고 생명을 구한 착한 백인으로 남을 수 있으니까. 그게 이 아줌마가 원하는 거고 난 그걸 만족시켜 줄 뿐이야!"

아이의 도발적인 눈빛에 그 눈빛이 다다다다 쏘아대는 그 표현에 나는 레프트 라이트 어퍼컷 훅을 연달아 맞은 듯 정신이 몽롱해졌다. '에이~ 친구. 알면서 왜 그래. 우리 다들 알면서 모르는 척, 그렇게 살아가는 거라고!'

눈이 마주칠 때마다 잘도 웃어주는 아이들을 둘러보았다. 하나같이 깨끗하고 알록달록 예쁜 옷으로 잘 차려 입었다. 안아주고 싶은 마음이 절로 들게끔 너무 꼬질꼬질하면 손대기조차 싫어할 게 뻔하니깐… 볼에 통통하게 살이 붙어서 혈색도 좋다. 80년대 초, 런닝 하나만 입고 뽈록한 배와 고추를 내 놓은 어린 시절 내 흑백 사진이 생각났다.

아마도 꽤 오랜 시간동안 〈빈민가 투어〉는 이어져 왔을 것이다. 그것은 그들에게 꽤 짭짤한 벌이가 되었을 테고, 적어도 개발도상국의 어린이인 나의 어린 시절보다 이들의 현재는 훨씬 더 부유하다. 진정한 의미에서 저들을 '빈민'이라고 부를 수 있을까?

트럭이 들어서지도 못할 정도로 고립 된 아프리카 한가운데 메마른 땅에서 기워 입을 옷조차 구하지 못하고, 하루하루 먹을 것을 구하지 못하는 아프리카인들은 수없이 많다. 아니, 많다고 들었다. 지금 여기에서 관광객들을 맞이하는 아이들은 하루에도 수십, 수백 명씩 외국인을 만나 무언가를 얻지만 평생 자신들 외에 다른 나라 사람이 있다는 것도 모른 채 굶주림 속에 방치된 아프리카 토속 부족 아이들 역시 수없이 많을 것이다. 적어도 〈투어〉라는 이름으로 자신들이 가진 것을 팔고, 실속 있게 무언가를 챙길 수 있는 이곳의 어른과 아이들은 그들보다 훨씬 정치적이고 부유하다. 이들에게 전달된 구호품은 이들의 세계 안에서 소비될 것이다. 맞다, 이들은 〈빈민〉이라는 이름을 팔아 지금 내가 가진 것보다 훨씬 많은 걸 가졌고 앞으로 더 갖게 될 것이다. 그리고 〈빈민〉의 카테고리에조차 들지 못하는 99퍼센트의 아프리카인들은 고립되고, 보호받지 못한 채 자신을 구원할 수 있는 식료품과 구호품이 있다는 사실조차 모르고 죽어갈 것이다. 유난히 작고 유난히 똘똘해 보이는 아이의 검은 눈이 이런 본질에 접근하게 해주었다. 딱 꼬집어 말하지 못하는 내 불편함을 내가 아닌 아이가 꿰뚫어 보고 있었다.

아이는 내게 다가온다. 그러나 다른 사람에게 하듯 방싯 웃으며 안아 달라거나 뭔가를 달라며 손을 내밀지도 않는다. 오히려 도발적이고 도전적인 눈빛으로 '알았어? 알면 꺼져!' 하는 시선으로 노려본다. 아이의 시선엔 진심이 담겨 있다. 너와 내가 다를 바 없다는 진심. 내가 나의 동포에게 할 수 있는 일이 없듯 너도 너의 동포에게 할 수 있는 일이 없다는 진실, 그리고 애써 외면해 온 나의 비겁함을 뚫어보는 분노. 내가 아이에게 손을 내밀어 잡으려고 했을 때 아이는 뒤돌아 뛰어 제 집으로 사라져 버렸다. 아이는 적어도 자신의 감정에 솔직할 줄은 안다. 애써 손가락을 들어 듬성듬성 제 눈을 가리려고 하지는 않는다. 아이는 적어도 나처럼 비겁하게 외면하지는 않는다.

실천하지 않는 진심은 진심이 아니다. 나는 내가 적어도 정신이 똑바로 박힌 양심적이고 정직한 사람이라고 생각한다. 이기적이기보다는 다른 사람과 함께 살아갈 준비가 된 마음의 여유를 가진 사람이라고 생각한다. 그러나 나의 행동은? 나와 동시대를 공유하는 이웃들을 위해 따뜻한 밥 한 끼 나눈 적이 있었던가?

백인의 품에 안겨 동정을 구걸하는 아이와 나는 다르지 않다. 아니, 동정을 구걸하면서도 현실을 직시하는 아이에게 난 아직도 배울 것이 많다.

빈민가의 아이들

반군 게릴라들의
본거지에 침투하다

멕시코 산크리스토발, 타인의 삶

Mexico

San Cristobal ●

~~~~~~~~~~~~~~

<u>그들에게 자유란…….</u>

　아마도 삶과 직결되는 그 무엇과도 바꿀 수 없는, 목숨을 걸고 싸워 쟁취해야만 하는 소중한 가치일 텐데…… 아무것도 모르는 햇병아리 이자 온실 속의 화초마냥 커온 내게 그들의 울부짖음은 한낱 소수 이익 집단의 시위로만 느껴질 뿐이었다. 반군 게릴라, 그 이상도 이하도 아 니었다. 적어도 어제까지는…….

　한낮의 햇볕이 기분 좋게 내려쬐는 호스텔 앞마당, 흔들흔들 그물 침대에 비스듬히 누워 오랜만에 찾아온 여유를 한가로이 즐기고 있다. 아침엔 그렇게나 춥더니만 지금은 짧은 반바지에 반팔 티셔츠 하나만 입고 있어도 오히려 약간 후덥지근하게 느껴질 정도다. 하루에 사계절을 동시에 느낄 수 있는 이곳은 멕시코의 작은 시골마을 〈산크리스토발〉이다.

오전 내내 뜨거운 햇볕아래 진행된 투어를 마치고 숙소로 돌아와 잠시 쉬고 있는데, 같은 호스텔에 묵고 있던 털북숭이 동갑내기 마르쿠스가 근처 마을에 축제가 열린다고 같이 구경 가자고 꼬신다. 속으론 이게 웬 떡이냐 싶지만 한국인의 자존심을 생각해서 짐짓 못 이기는 척 따라 나선다. 시장 한 가운데서 콜렉티보 택시^{허름한 봉고차를 택시로 개조}한 것으로 같은 목적지를 가진 승객이 다 모일 때까지 기다렸다가 출발한다. 가격은 4.5페소, 우리나라 돈으로 450원 정도를 잡아타고 출발! 덜컹덜컹 비포장도로를 30분쯤 달려 축제가 열리고 있는 마을 입구에 도착할 수 있었다.

잔뜩 기대감에 들떠 들어가는데 뭔가 분위기가 심상치 않다. 축제라고 하기에는 너무나 엄숙한 분위기. 한 줌의 웃음기도 없는 무표정한 눈빛으로 여기저기 앉아있는 사람들. 싸늘하게 느껴지는 시선들이 너무나 따갑다. 알고 봤더니 우리가 찾아간 곳은 반군 게릴라인 ZAPATISTAS^{싸빠띠스따스}의 본거지. 그것도 멕시코 전역, 산속 깊은 곳에 숨어있던 반군 지도자들이 한데 모여 향후 조직의 미래를 논의하는 중요한 집회가 열리는 날이었던 것이다.

싸빠띠스따스의 출발은 쿠바의 체 게바라가 그랬듯, 독일의 마르크스가 그랬듯, 부익부 빈익빈이 판치는 냉혹한 이 땅에 모두가 평등

하고 완벽한 유토피아를 건설하는 것이었다. 처음에는 자본주의의 식민지로부터 과감히 탈피하여 힘없는 꼭두각시 정부를 부정하고, 그들을 옭아매는 전기와 수도 등의 모든 사회제도를 거부한 채 자급자족을 기조로 하는 소규모 공동체를 만드는 것에서 시작되었다. 하지만 점차 세월이 흘러가고 모든 것이 부족한 궁핍한 생활이 끝없이 이어지면서 그들의 생각에 반기를 드는 젊은 세대들이 태어나 하나 둘씩 공동체를 이탈하기 시작하였고, 싸빠띠스따스를 사칭한 도적무리들까지 출몰하여 선량한 시민들을 못살게 굴고 관광객을 납치하는 등 여러 가지 폐단이 나타나기에 이르렀다. 이에 정부에서도 이들을 향한 보이지 않는 탄압이 시작되었고, 부글부글 끓어 넘치기 일보직전인 냄비 마냥 긴장감이 고조되어 가고 있는 실정이라고 한다. 곧 산크리스토발 주변으로 피비린내 나는 내전이 발발할지도 모른다는 흉흉한 소문이 결코 가볍지만은 않게 떠돌고 있다.

중앙에 있는 강당에선 수많은 사람들이 바닥에 털썩 주저앉아 싸빠띠스따스 지도자들의 연설을 진지하게 경청하고 있었다. 검은 두건으로 얼굴을 칭칭 감아 신분을 숨긴 채 뒤에는 커다란 기관총을 든 거구의 무장괴한들이 서 있는 극도의 공포분위기 때문에 덜컥 겁이 나고 몸이 덜덜 떨릴 정도로 무섭게 느껴졌다. 하지만 한편으로는 그들의 생존이 걸려있는 진지한 모임에 그저 마냥 행복하기만한 철부지들이 끼어든 것 같아 미안한 맘도 없진 않았다. 그들에 비하면 난 너무나 가진 것이 많았고 너무나 세상을 모르고 있는 것 같았다. 운 좋게도 지극히 평화롭고 살기 좋은 나라에서 태어나 이날 이때까지 큰 부족함 없이 자라왔고 세계여행이랍시고 팔자 좋게 떠돌아다니고 있는 내 모습이 과연 그들 눈엔 어떻게 비춰지고 있을까? 그 무리들 속에서 난 결코 섞일 수 없는 죄인이었고 한낱 재수 없는 이방인일 뿐이었다.

솔직히 그들이 무엇을 논의하고 무엇을 꿈꾸는지 나로서는 알 길도 없고 이해할 수도 없었다. 그저 높게 둘러진 담장 밖에서 고아원에 갇혀있는 고아들을 내려다보는 행인의 애처로운 눈빛으로만 바라볼 뿐, 마음 속 깊이 와 닿는 간절한 바램 따위야 내겐 사치일 뿐이었다. 어쩔 수 없는 타인他人의 삶. 하지만 적어도 지구 반대편에서 날아온 동양의 청년 하나에게 싸빠띠스따스의 존재는 깊게 각인되었고 이렇게나마 기록으로서 남길 수 있다는 사실이 그들에게 조금이나마 위안이 될 수 있었으면 하는 바램을 가져본다. 부디 그들에게도 언젠가 세상의 밝은 태양빛이 전해질 수 있길 진심으로 기원한다.

★ZAPATISTAS 싸빠띠스따스 NATO의 출범과 더불어 미국을 비롯한 강대국에 비해 상대적으로 빈곤했던 멕시코에서 시작된 반정부, 반세계화 운동을 부르짖는 반군 게릴라 집단. 흔히 EZLN이라는 마크를 심벌로 하여 미국의 꼭두각시인 멕시코 정부를 거부하고 산크리스토발을 거점으로 멕시코 전역의 산 속 깊숙한 곳에 흩어져 살고 있는데 오늘날까지 심심치 않게 그들의 활동을 찾아 볼 수 있다.

반군 게릴라들의 본거지에 침투하다

늙은 게이와의
조우

미국 샌프란시스코, 뿌리 깊은 편견에 대하여

U.S.A

● San Francisco

~~~~~~~~~~~~~~~~

    따뜻한 햇살이 온화하게 감싸고 있는 샌프란
시스코의 캐스트로 거리.

  드문드문 비치는 바쁜 걸음의 사람들의 뒤편으로 마치 한 장의 빛
바랜 흑백사진처럼 할아버지 두 분이 천천히 체스 판의 말들을 옮기고
있다. 간간히 들려오는 가래 섞인 웃음소리. 축축 처질대로 처진 쭈글
쭈글한 웃통을 훤히 드러내고 그나마 몇 개 남지 않은 이빨로 연신 팝
콘을 집어먹고 계신다. 그 분들을 언뜻 봤을 땐 파고다 공원에서 흔히
볼 수 있는 우리의 할아버지들과 별 다를 바가 없어 보였다.

하지만 무언가 찜찜하게 다르다. 세월의 흔적이 여실히 느껴지는 몇 가닥 안 남은 머리카락들 밑으로 보이는 초승달 눈썹은 아침에 갓 다듬은 듯 날카롭다. 움푹 패인 주름살 위로 발갛게 생기를 띤 볼터치와 연분홍빛 립스틱은 왠지 모르게 이질적인 느낌이 든다. 거기다가 살짝 속이 비치는 주름 스커트와 망사스타킹, 연한 베이지색의 통굽샌들까지⋯⋯ 마치 돈까스 위에 뿌려진 고추장 마냥 그리 편안하지만은 않은 언밸런스한 광경이다. 하지만 잠시 후, 두 분이 뭔가 귓엣말을 주고받으시더니 갑자기 살짝, 하지만 절대로 가볍지는 않은 입맞춤을 나누시는 게 아닌가? 할아버지들 간의 키스?? 순식간에 눈앞에서 벌어진 이 불편한 광경에 난 솔직히 경악을 금치 못했다. 늙은 게이들, 그들과의 첫 만남이었다.

깜짝 놀랐다. 그동안 내가 상상한 게이의 모습은 이런 것이 아니었다. 종아리까지 착 달라붙는 검은 가죽 스키니 진과 하얀 브이넥 셔츠, 붉은 체크무늬 스카프를 멋들어지게 두르고 짙은 선글라스를 민머리 위에 올려 쓴 패셔너블한 20대 중반의 슬림한 젊은이, 뭐 그런 거 있지 않나? 매일같이 이태원과 홍대의 클럽씬에 드나들며 수많은 미녀들에 둘러싸인 모습, 올해 갓 출시된 신상 하이힐을 소개하며 수줍게 입을 가리고 웃는 모습, 그런 장면들이 바로 내가 생각한 게이의 모습이었다. 생각해 보면 내 주변에는 아직까지 게이 친구가 없었던 것 같다. 아마도 트랜스젠더나 커밍아웃 한 몇몇 연예인의 모습이 내가 알고 있는 게이 세계의 전부였던 것이다.

실상이 그랬기에 난 단 한 번도 그들 역시 나이를 먹고 쭈글쭈글해진 할아버지로 변할 것이라고는 생각해 본적이 없다. 늙은 게이란 내게 마치 한 여름날 뜨겁게 달궈진 콜라처럼 도저히 받아들이기 힘든 그런 종류의 존재들이었다. 사람이라면 누구나 나이를 먹기 마련인데, 그 당연한 진리를 왜 그들에겐 적용시키지 못했는지 강한 문화적 충격 속에서 어안이 벙벙해졌다. 나이든 게이들이 모인 실버타운에서의 삶을 그린 영화 〈메종 드 히미코 La Maison De Himiko, 2005〉가 현실 속에 존재하고 있었다.

공존이란 그저 '함께 살아간다' 의 의미가 아닐 것이다. 나와 너의 다름을 인정하고 너의 과거와 현재 그리고 미래까지도 포용하겠다는 의미일 것이다. 신의 섭리를 거역한 죄로 인해 이제껏 단 한 번도 주류로 나온 적이 없지만 사회의 음지 속에서 인류의 역사만큼이나 끈질기게 버텨온 이반의 문화. 결코 이해할 수는 없더라도 인정은 해 달라고 끊임없이 소리쳐온 그들에게 마지막 남은 피신처였던 카스트로 거리는 한 때 소수로 낙인찍혔던 그들이 희생과 노력을 통해 쟁취해 낸 의미 있는 곳이다. 영화 〈밀크〉에서 묘사된 바 있듯, 최초의 동성애자 국회의원인 하비 밀크가 당선된 곳이자 그가 삶을 마감한 곳이기도 하다. 그런 많은 이들의 용기와 투쟁 덕분에 이 거리를 시작으로 미국에서, 전 세계에서 성적 자유를 상징하는 무지갯빛 깃발이 휘날리는 성과를 얻게 된 것이다. 그런 사회적 역사적 의미를 생각하니 내가 서 있는 이 거리를 새삼 다시 보게 되었다.

길거리 여기저기 앉아있는 나이 지긋하신 게이 노인들, 횡단보도에 서 있는 여장남자들, 그들을 위한 옷가게와 서점들까지. 조금 더 자세히 보기위해 들어가 본 DVD 대여점의 입구 쪽에는 평범한 비디오들이 있었지만 한쪽 구석에 천으로 가려져 있는 곳에는 눈으로 봐도 믿기힘든 것들이 진열되어 있었다. 스스로 꽤나 개방적이라고 생각해 왔던 나조차도 꽤나 큰 충격을 받았다. 심지어 잠깐 머리를 식히러 들어간 Bar에서 조차도 상반신을 벗고 있는 남자 바텐더가 서빙을 보고 있다. 진정 게이들의 천국이다. 아직 유교사상이 투철한 한국에서 온 나는 호기심이 지나자 슬슬 겁이 나기 시작했다. 외눈박이 마을의 눈 두개 달린 사람처럼 이곳에서는 저들이 아닌 내가 '이반'처럼 느껴졌기때문이다. 순간, 어깨를 툭 치는 한 남자의 행동에 소스라치게 놀라 몸을 사렸다.

"길 한가운데를 막고 있음 어떡해요? 비켜서라구요! 거기 있으면 다쳐요!"

예쁘게 화장한 남자가 터프하고 소탈한 말투로 차도를 피해 서라고 경고해 주었다. 순간, 나도 모르게 안도의 한숨이 쉬어졌다. 무슨 상상을 했던 걸까. 영화에서처럼 건장한 남자가 나를 유혹하는 상상? 아니면, "너는 네 자신을 몰라! 가만히 있어봐! 내가 알려줄게~" 이러면서 슬금슬금 징그럽게 밀착해 오는 상상? 절로 몸서리가 쳐 진다. 머리로는 함께 사는 세상 운운 했으면서 아직도 마음 한 쪽엔 편견이 도사리고 있었던 모양이다.

난 그동안 미처 인지하지 못했던 편견 속에 갇혀 살고 있었다. 사실 〈게이〉들은 동성애자란 단어를 별로 좋아하지 않는다고 한다. 호모

섹슈얼, 동성연애자와 같은 성적인 의미가 내포된 단어는 더더욱 싫어한다고 했다. 그들은 오히려 게이란 단어를 좋아한다고 한다. 게이란 단어는 〈즐겁게, 행복하게 사는 사람들〉이란 뜻을 가지고 있기 때문이다. 그동안 난 게이라는 단어가 동성애자란 단어보다 더 부정적인 뉘앙스를 풍긴다고 생각해 왔다. 어떻게 보면 그건 일종의 또 다른 편견이 아니었을까?

찻길에 멍하게 서 있던 내게 조심하라고 얘기해 준 젊은 게이에게 고맙다고 눈인사를 보낸 뒤 체스를 두고 있는 게이 할아버지 커플에게 다가갔다. 옆에 쪼그리고 앉아 체스 두는 것을 구경한다. "에이, 할아버지~ 퀸을 거기다 두면 어떻게 해요?" 슬금슬금 훈수를 둔다. 슬금슬금 농담도 주고받는다.

나는 지금, 태어나서 처음으로 게이 친구를 사귀고 있는 중이다.

동행

멕시코 와하까, 사람을 훔치다

Mexico

Oaxaca ●

～～～～～～～～～～～～

     일 년 반이라는 긴 기간과 세계 일주라는 큰 꿈을 품고 떠난 여행이지만 이제와 고백하건데 나는 언제나 무척이나 불안하고 두려웠었다. 여행이라곤 짧게 일주일동안 일본 다녀온 게 고작이었던 내가 지구 반대편인 미국으로 건너가 남미며 아프리카를 헤집고 다닐 예정이라니…… 오래 전부터 세계 여행이 인생 최고의 목표라며 큰소리치긴 했지만 배짱 좋은 모습 속엔 두려움이 있는 것도 사실이었다.

     그래서 여행 초반을 함께 할 동행을 구했다. 함께 의지하며 서로 돕고 모르는 정보도 공유하고 그렇게 일정을 함께해요!! 동행 게시판에 글을 올렸더니 놀라운 스펙의 여자 분으로부터 연락이 왔다. 나보다 두 살 어린! 직업이 의사인!! 여행경험도 나보다 훨씬 많은!!! 신이 내려주신 선물 같은 사람!!!! 그 사람이 바로, 여행 초반의 동행이었던 정현씨다.

"저기요! 저 지금 많이 불편하거든요?……."
"그래요? 그럼 따로 다니다가 이따 숙소에서 만나죠!"

솔직히…… 그녀와 동행한다고 사전 미팅을 하며 여행 계획을 짤 때 약간 기대를 가졌던 것도 사실이다. 그녀는 여자, 나는 남자. 그리고 24시간 함께 여행하다 보면 남자와 여자 사이에 별 일이 다 생길 것 아니겠는가? 음흉하다고 손가락질하시겠지만……. 다들 가슴에 손을 얹고 한 번 쯤은 그런 생각들~ 하시잖아요? 안 그래요?

그런데…… 뚜껑을 열어보니 결과는 전혀 달랐다. 같이 여행을 하면서 같이 숙소를 잡고 같이 밥을 먹고 같은 것을 보고 같은 시간을 공유한다는 건 생각보다 쉬운 일이 아니었다. 아무리 친한 친구사이일지라도 여행은 절대로 함께 가지 말라는 말도 있지 않은가? 하물며 생면부지의 두 사람이 머나먼 타국 땅에서 만나 같이 여행을 하게 되니 언어 습관부터 사소한 오해까지 부딪힐 일은 한두 가지가 아니었다.

나중에야 대화를 통해 오해를 풀기는 했지만 워낙에 오지랖이 넓은 내 천성이 문제였다. 내 딴에는 배려한답시고 나 먹는 것 나눠주고 끼니

모자라면 챙겨주고 무거운 짐 들어주려고 했던 것인데 그녀 입장에서는 먹기 싫은 것 먹으라고 강요하고 괜히 남자입네 힘 자랑 하려고 하고 그녀도 나도 뻔히 아는 걸 아는 체 하며 가르쳐 주려고 하는 것으로 보였을 터이니…… 이를 두고 아마도 동상이몽이라고 하는 것일 터였다. 결국 정현씨와의 첫 동행은 오래 가지 못했고 서로 '너는 너대로, 나는 나'라는 똘레랑스를 온 몸으로 체험한 채 갈 길을 달리 하고 말았다.

긴 남미 여행에서 루트가 비슷했던 우리는 그 후 몇 번이나 다시 조우했다. 그런데 길고 긴 여행 기간 동안 수없이 많은 동행들을 경험하면서 그녀도 나도 꽤나 많이 변했나 보다. 이후 그녀와의 짧은 몇 번의 동행은 첫 동행보다 훨씬 수월했기 때문이다. 그녀의 독립적인 성격을 잘 알았던 나는 내 생각을 강요하려 하지 않았고, 그녀 역시 무턱대고 나의 호의를 '노!' 라며 거절하지도 않았다. 여행을 다녀 온지 몇 년이 지난 지금도 정현씨와 나는 가끔 연락을 주고받으며 뜸할 때마다 한 번씩 만나는 좋은 친구가 되었다.

그녀와의 첫 동행에서 나는 몇 가지 사실을 배웠다. 동행을 하게 될 경우 많은 것들을 조심해야 한다는 것을 뼈저리게 깨달았다. 우선 동행인은 나의 소유물이 아니다. 외롭고 고달픈 여행길에서 어쨌든 사람인지라 서로에게 기대하는 것들이 있을 수도 있다. 하지만 그것이 도가 지나쳐서는 곤란하다. 머리가 커질 대로 커진 상태에서 만나 독립된 하나의 인격체가 아닌 나이 혹은 남녀 같은 사적인 감정이 개입되게 되면 안타깝지만 동행을 안 하니만 못한 경우가 많기 때문이다.
또한 동행을 하다가 서로 간에 마음이 맞지 않는다는 것을 느끼게 될 경우 가능한 빨리 다른 길을 떠나는 것도 한 방법이다. 사실 대화로 푸는 것도 한 두 번이지, 끊임없이 반복되는 대동소이한 다툼은 결코 해결되지 못하는 경우가 많다. 여행의 가장 큰 목적이 무엇이라 생각하는가? 바로 "즐거움"이다. 지겨운 일상을 탈출해서 멋진 풍경을 보고, 맛있는 것을 먹고, 좋은 사람을 만나면서 느끼는 즐거움에 한껏 몸부림쳐도 모자랄 여행길에서 동행 때문에 스트레스를 받고 시간을 허비한다는 건 그야말로 말도 안 되는 일이다. 하지만 가장 중요한 이 사실을 간과한 꽤 많은 여행자들이 동행자로 인해 상처를 받기도 하고 반대로 상처를 주기도 한다. 고로 [있을 땐 귀찮고 없을 땐 허전한] 동행이라는 존재는 언제나 이렇듯 뜨거운 감자로 남을 수밖에 없다.

내 큰 장점 중의 하나는 쉽게 판단을 내리지 않는다는 것이다. 좋게 말하면 신중한 거고 나쁘게 말하면 우유부단한 거다. 하지만 그동안의 경험으로 미루어 보면 많은 생각을 거친 후 결단을 내렸을 때 오류나 실패할 확률을 현저하게 줄일 수 있다고 본다. 물론 그렇게 해서 내린 결정에 대하여 크게 후회를 해 본적은 별로 없는 것 같다. 설사 다른 방안을 선택했을 지라도 그것 이상의 데미지를 입을 수 있을 것이라 생각하기 때문이다.

오해는 오해를 낳고 이해는 이해를 낳는다지만 어렵다. 참 어렵다. 사람을 만나는 일이 어렵고 사람을 이해하는 일은 더 어렵다.

그러나 재미있다. 머나먼 여행 일정동안 사람을 만나는 것만큼 재미있는 일이 있을 수 있을까? 제 아무리 뛰어난 경관을 자랑하는 유적

일지라도 한 사람과 대화하고 이해하고 인연을 맺어가는 일만큼 신기한 게 있으려나 싶다. 그런 차원에서 볼 때는 다 경험이고 시행착오며 내일이 왔을 때 즐거운 추억거리가 될 수도 있을 것이다.

<u>사람을 훔치는 여행. 결국 난 그런 여행을 하고 싶고, 평생을 두고 그런 여행을 할 것이다.</u>

동행 후 정현씨의 꿈

2012년 현재 정현씨는 힘든 마취과 레지던트 생활을 이어나가며 더욱더 훌륭한 의사로 거듭나기 위한 담금질을 지속하고 있다. 4년 후 전문의가 되는 그 날, 또 한 번의 장기 세계여행을 떠나겠노라 큰소리 뺑뺑치던 정현씨의 꿈이 반드시 이루어지길 진심으로 기대해 본다.

여행자들의
블랙홀

인도 바라나시, 아홉 번이나 인도로 돌아온 그녀

India

Varanasi ●

~~~~~~~~~~~~~~~~~~

　　　　방콕의 카오산 로드, 이집트 다합, 파키스탄
훈자 등은 〈여행자들의 블랙홀〉이라고 불린다. 이들 여행지에는 몇
가지 필요충분조건이 있는데 싼 체류비, 다양한 먹거리, 아름다운 풍
경, 전 세계 각지에서 몰려온 여행객으로 인해 국적을 알 수 없는 혼재
된 문화 등이 그것이다. 이런 긍정적인 면 때문에 여행자들이 몰리지
만 잠시 들르기로 작정한 사람들이 몇 달, 몇 년을 눌러 앉으면서 '블
랙홀'이 되어 버린다. 참 아이러니한 단어다. 정착하지 못하고 흘러 다
니는 '여행자'란 사람들의 발걸음을 묶어버리는 '블랙홀'이라니. 그렇게
발이 묶인 사람들은 여행하기 위해 삶을 살까, 정착하기 위해 삶을 살

아갈까. 궁금해진다. 인도의 바라나시 역시 여행자들의 블랙홀 중 하나로 손꼽히는 곳이다.

바라나시에 있는 보름 동안 나의 하루 일과는 한적했다. 하루 종일 가트에 앉아 갠지스 강을 바라보다가 배가 고프면 밥을 먹었고 입이 심심하면 군것질을 했다. 졸리면 잤고 느즈막이 때가 되면 깼다. 처음엔 명상이란 걸 해보겠답시고 이런 저런 상념에 빠져들었지만 이내 그것도 시들시들, 일주일 쯤 지나고 나서부터는 그냥 하루 종일 멍 때리고만 있어도 하루가 금세 흘러갔다.

그렇게 열흘이 지났을 무렵, 내 마음 속 부지럼쟁이가 슬슬 고개를 디밀고 들어왔다. 도대체 언제까지 이러고 있을 건데? 양심에 찔리지도 않냐? 게으름뱅이. 밥도둑. 잉여 인간. 지난 일 년을 바지런히 여행해 온 내 자신에게 주는 휴가라며 애써 스스로를 타일러 보지만 마음 한구석에는 어디든 다른 곳으로 가서 뭐라도 하나 더 봐야 하는 것이 아닌가 하는 조바심이 들었다.

갠지스 강가의 가트에는 나와 비슷한 옷차림의, 나와 같은 일과를 지내는 사람들이 많았다. 스물일곱 보연양도 그 중 하나였다. 좋아하는 풍경이 비슷했는지 그녀는 자주 가트에서 나와 마주쳤다. 처음엔 한국인인 줄 알면서도 모른 척 했고 몇 번 마주치다 보니 눈인사를 하고 그러다 보니 나란히 앉아 강을 보는 날도 많아졌다. 나는 용기를 내 그녀에게 말을 걸었다.

"언제부터 여기에 있었어요?"

"인도에요? 아니면, 바라나시? 인도는 6개월째고 바라나시는 4개월째예요."

"우와, 그렇게 오래 볼 게 있어요?"

그녀는 웃었다.

"볼 게 있어서 있나요, 그냥 있는 거지."

그녀는 인도가 벌써 아홉 번째라고 했다. 한 번 들어오면 몇 개월씩 살다가 돈 떨어지면 한국에 돌아가서 아르바이트를 하고, 또 돈이 좀 모이면 인도에 '돌아온다'고 했다. 스무 살 이후로 한국에서 살았던 날보다 인도에서 살았던 날이 더 많다고 했다.

도대체 인도의 어떤 점이 그녀를 계속 돌아오게 만들었던 것일까? 내가 인도에 오기로 결심한 이유도 바로 그게 궁금해서였다. 한 번 인도에 정을 들인 사람은 몇 번이고 다시 찾아온다. 징글징글하게 더럽고 말도 안 되게 비합리적이고 도저히 상식이 통하지 않는 나라인데 사람들은 왜 인도엘 그렇게 오고 싶어 하는지, 한번 왔다 간 나라에 왜 그렇게 자꾸만 돌아오는지 궁금했었다.

"올 수 밖에 없으니까요!"

내 질문에 대한 그녀의 대답은 의외로 간결했다. 아마도 나는 그녀에게 오고 싶어서, 좋아서, 즐거워서, 그리워서 이런 류의 대답을 원했던 것 같다. 그러나 그녀의 대답은 영어식 want보다는 have to, 아니 must에 가까웠다. 스무 살에 처음 인도를 여행하고 한국에 돌아간 그녀는 매일 밤 술에 잔뜩 취한 채로 친구들 앞에서 "인도에 다시 가고 싶어~" 하면서 엉엉 울었다고 했다. 그렇게 인도에 흠뻑 빠져버린 그녀는 무한경쟁을 강요하는 빡빡한 한국 사회에 도저히 적응하지 못하고 그렇게 '아웃사이더'가 되어버린 것이다.

혹시 그녀는 내가 알지 못하는 굉장한 발견을 인도에서 했던 것일까? 그래서 마력에 이끌리듯 올 수 밖에 없었던 것일까? "얻은 거야 많죠. 맛있는 음식, 편견 없는 사람들, 느긋한 생활, 마음의 평화. 아무도 날 구속하지 않고 내가 다른 사람에게 구속을 주지도 않고. 여기서 나는, 이방인이잖아요." 큰 비밀은 없었다. 음식, 사람, 여유. 결국 바라나시에서 보름 동안 내가 했던 유유자적 그것 외에 그녀가 특별히 대단한 경험을 했다거나 추억을 쌓았다는 얘기도 아니었다.

그러나 뭔가 여운을 남기듯 대답하는 그녀의 말 속에서 낯선 타인에게 표현하기 힘든 행간의 의미를 읽을 수 있을 것 같기도 했다. '여기서 나는, 이방인이다.' 라는 말. 그건 여행의 마무리를 맞고 있는 내가 가지고 있는 두려움과 일맥상통한 것이었다.

처음 여행을 떠났을 때는 이방인이었기 때문에 두렵고 무서웠다. 외로웠고 무슨 일이 생기면 어쩌나 조바심이 났다. 그러나 차츰 여행을 하면서 내가 갖고 있는 구속과 의무, 자유로부터 벗어나는 것이 얼마나 행복한 일인지 즐기게 되었다. 여행을 하는 동안은 돈을 벌지 않아도, 세금을 내지 않아도, 온갖 경조사에 참석하지 않아도 용인된다. 나는 여행 중이고 생산 활동을 하는 건 아니지만 바쁘게 움직이고 있으니까. 일단 한국을 떠나 있다는 물리적인 거리가 한국인으로서 나를 둘러싼 부담감에서도 벗어날 수 있게 해 주었다. 돌아가면 나는 다시 직장을 구해야 하고 다른 사람과 비교해 뒤지지 않기 위해 열심히 살아야 한다. 그러다 차도 사고 집도 사고 결혼도 하고 아이도 낳고. 권리인지 의무인지 모를 '남들처럼' 사는 그것을 쫓아가느라 이방인으로서의 여유 따위는 잊고 살 것이다.

　　의무를 따르고 산다는 것은 경쟁 속에 뛰어든다는 것과 같은 의미다. 나는 돈을 좀 더 벌기 위해, 좋은 여자를 만나기 위해, 남들과 비교해 잘 산다는 소릴 듣기 위해 끊임없이 경쟁을 해야만 한다. 일 년 반 동안의 휴가와 같은 일탈에서 벗어나 또 다시 그 경쟁 속에 던져진다니 상상만 해도 끔찍했다. 혹시나 그것을 유예하고 싶었던 마음이 바라나시에서 보름 동안 내 몸과 사고를 묶어 놓았던 것이 아닐까? 차마 캐물어 확인하지는 못했지만 아마 보연씨의 한국에서의 삶 또한 그랬을 것이다. 이방인의 입장에서 벗어나 한국으로 돌아가면 온갖 의무와 경쟁에 시달리고, 그럴 때마다 일탈과 여유로 대변되는 이 생활이 그립곤 했을 것이다.

　　나는 내 마음 속 부지런쟁이가 끊임없이 불안해하며 경계하는 그것의 실체를 보았다. 블랙홀에 주저앉아 돌아가기 싫어질까 봐, 돌아간 그 순간 이방인으로서의 삶을 그리워하며 다시 한국을 떠나게 될까 봐, 그렇게 일탈과 귀환을 반복하다 경쟁에서 뒤처지고 궤도에서 이탈하게 될까 봐, 그건 바로 또 다른 블랙홀에 빠지는 것일 테니까. 그녀가 얘기하는 '돌아올 수밖에 없었다'는 말의 의미를 조금은 알 것 같았다. 그녀는 결국 일탈과 귀환의 반복 속에서 블랙홀에 빠져 버린 것이다.

그러나 나는 차마, 감히 보연씨에게 블랙홀에서 빠져 나와 현실을 직시하라고 말할 수는 없었다. 내가 현실이라고 믿는 것, 경쟁 속에 살아남아 '남들처럼 사는 것'이 정말 '잘' 사는 것이라고 확신할 수는 없으니까. 어쩌면 6개월 일해 번 돈으로 남은 6개월을 여유롭게 사는 보연씨의 자유로운 삶이 주관적으로 '잘' 사는 것일 수도 있다. 그러나 나는 그녀의 '올 수 밖에 없었음' 이라는 말 속에 무엇보다도 자기 스스로의 판단력이 주체가 되어 있기를 진심으로 바란다. 한국으로 돌아 간 순간, 내가 생각했던 것과 현실과의 괴리는 너무도 크고 그것에 적응하지 못하고 도태되어 쫓기듯 일탈을 택한다면 그건 정말 속상한 일이 될 테니까. 보연씨가 그런 사람이라는 의미는 아니다. 이건 나에게 하는 스스로의 다짐이다. 긴 여행 후 돌아가 경쟁 속에 던져지는 것이 무섭더라도 나만 도태되는 것 같아 두려울지라도, 절대로 비겁하게 도망치지는 말자. 늘 자신에게 솔직하고 최선을 다하자. 여행자들의 블랙홀이 끝없이 빨아들이기만 하는 어둠의 공간이 아닌 치유와 재생과 창조의 공간이 되길 바란다. 그래서 오직 긍정적인 의미로서 그 존재의 이유가 찬란하게 빛날 수 있기를……

콜롬비아의 홍길동,
마약왕 파블로 에스꼬바
콜롬비아 보고타, 진짜 나쁜 놈을 만나다

Colombia

●Bogota

〰〰〰〰〰〰〰〰〰〰〰

알고 보면 세상에 나쁜 사람은 없다.

나는 성선설을 믿는 편이다. 하지만 사람은 어떤 상황에서 어떤 관계로 만나느냐에 따라 누군가에겐 천사가, 누군가에겐 악마가 될 수 있다.

콜롬비아의 마약왕 '파블로 에스꼬바'는 미국인에겐 마약을 밀수출해 선량한 미국인을 끔찍한 마약중독으로 몰아넣은 천하의 원수이지만 콜롬비아 국민들에겐 어려운 사람을 도운 의적 홍길동 같은 사람이다. 그를 만나 도대체 '왜' 그랬는지 그 이유를 듣고 싶었다. 아래는 1문 1

답이다.

　　조영광 (이하 JO) : 굉장히 유명하시던데요? 콜롬비아 경찰 박물관에서 에스꼬바씨를 처음 뵈었는데, 경찰 박물관이 아니라 개인 전시실처럼 꾸며져 있더라고요. 온통 파블로 에스꼬바 씨에 대한 자료뿐이던데요.

　　파블로 에스꼬바 (이하 파블로) : 그냥 편하게 파블로라고 불러. 우리 사이에 '씨'는 무슨. 나한테 유명이란 단어는 안 어울려. 굉장한, 엄청난, 화끈한, 판타스틱. 이런 게 어울리지. 난 뭐든 거창하고 거대하거든. 오죽했음 별명이 마약왕이겠어? 왕! 아니 아니지. 마약황제야, 난.

　　JO 마약이란 게 불법이잖아요. 파블로의 인생은 밀수, 밀매, 탈세로 점철된 삶이고요. 그런데 그 불법과 탈세를 자랑할 수 있을까요?

　　파블로 있지. 물론. 난 내 인생을 아주 자랑스럽게 생각해. 내가 없는 콜롬비아는 식민지, 속국, 기술도 없고 의욕도 없는 평생 가난에서 벗어날 수밖에 없는 그런 불쌍한 운명이었지. 남미나 아프리카의 다른 나라들을 좀 봐! 하나부터 열까지 서구 열강에게 착취당하는 그들에게 희망찬 미래란 없어. 마약은, 말이 좀 그러니까 우리 이쁘게 대마나 양귀비라고 부르자. 요놈들은 낮은 노동력으로 단위당 가장 큰 수익을 올릴 수 있는 고소득 작물이야. 없는 나라에선 노력 대비 효율을 높일수록 좋아진다고. 난 그냥 소박한 농부라고 할 수 있지. 농부에서 시작했지만 세계 시장을 독점하는 독보적 위치에 오른 거고. 그러기 위해서 내가 겪은 산전수전을 자네가 상상이나 할 수 있겠어?

JO 마약은 사람을 병들게 한다고요.

파블로 술은? 담배는? 커피는? 뭐든 중독성이 있고 과하면 사람을 병들게 하지. 난 내가 먼저 마약을 누군가에게 권한 적 없어. 사실, 난 마약 안 해. 그러나 누군가는 마약이 없으면 삶을 지탱할 수 없는 아주 나약한 영혼을 갖고 있지. 누군가는 그게 필요하고, 필요로 하는 사람이 있으니까 공급할 뿐이야. 내가 없다고 마약이 없어질 거 같아? 에이, 친구. 알면서 왜 이래. 마약 재배자 잡아넣을 거면 담배 재조업자들, 양조장 하는 작자들 다 씨를 말려야지.

JO 도덕 논리가 다른 사람들과는 다르게 전개되는 분인 거 같으시네요. 가치관도 확연히 다르고.

파블로 너무 극존칭 쓰지 말라고. 내 별명이 뭐야, 콜롬비아의 친구. 만인의 친구. 헤이, 넌 내 친구라고. 내가 확실히 남다른 데가 있어. 미국에서 날 잡겠다고 엄청 대단한 작자들을 보냈거든. 뭐 마약 특별 수사대? 몰라, 어쨌거나, 주제넘은 거지. 지네 나라 사람도 아닌데 뭔 근거로 날 지네 나라로 잡아 처넣을 건데? 내 하도 꼴사나워서 그 작자들 탄 비행기를 폭파해 버렸어.

JO 네? 비행기를, 폭파했다구요?

파블로 꼴보기 싫잖아. 그 작자들이 내 나라 콜롬비아 땅에 발을 딛는 거 자체가 딱 꼴불견이야. 그래서 공중에서 붐! 날려 버렸지. 낄낄낄.

JO 그러면 거기에 탄 다른 사람들은요? 적어도 백 명은 타고 있었을 텐데.

파블로 백 이십 명이야. 그 중 반은 날 죽이겠다고 온 죽어 마땅한 놈들이지. 반은 재수 옴 붙은 작자들이고. 세상에 재수 없는 일은 많아. 내가 콜롬비아에 태어난 거, 이것도 재수 옴 붙은 거지. 내가 미국에 태어났어 봐. 대통령도 했을 걸. 가진 거 없고 발전 가능성 없는 나라에 태어난 거, 그거 때문에 내가 마약도 팔고 조폭도 된 거야. 있는 나라 있는 집에서 태어났어 봐. 사실 뭐, 원망하는 건 아냐. 각자 자신의 삶이 있고 사는 것도 죽는 것도 재수라는 거지. 그 비행기 탄 게 그냥, 억울한 거야. 억울해도 할 수 없는 거지. 그게 재수고 팔자야.

JO 제 신념에 의심이 생기려고 해요. 난 알고 보면 세상에 나쁜 사람 없다, 〈성선설〉을 믿거든요. 그런데 내가 봐도 당신은, 진짜 나쁜 놈이네요.

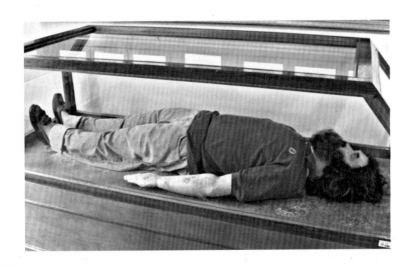

파블로 경찰 박물관, 그 경찰 박물관과 콜롬비아를 지키는 경찰, 저기 밖에서 신문 팔고 빌빌대는 놈들, 길에서 빌어먹는 비렁뱅이들 다 누가 먹여 살렸는지 알아? 바로 나야. 일 열심히 해서 돈 버는 작자들, 일 없이 놀고먹는 한량들, 콜롬비아란 이 국가 누가 먹여 살렸는지 알아? 바로 나야. 나 아니었으면 이 나라 쫄딱 망해서 미국 속국이 됐을 거라고. 내가 아침저녁으로 트럭 타고 다니면서 돈 뿌리고, 무료 급식소 세워서 밥 퍼 주고, 월급 줘서 먹여 살리니까 이 나라가 유지 된거야. 그런데 뭐, 내가 천하의 악당이라고? 진짜 나쁜 놈이라고? 아니지, 안 될 법이지. 그건 날 모르고 하는 소리야.

JO 착한 일을 해서 국가를 먹여 살리면 되잖아요.

파블로 하, 이 친구 순진하네. 그게 됐으면 벌써 했지. 안 되니까 이러고 산거지. 안 그래? 누군가에겐 말야, 인생에서 선택의 여지가 별로 없을 수도 있다고. 자네가 북한에서 태어났어 봐. 당장 굶어죽게 생겼는데 마약 만들어 파는 거 말고 할 수 있는 일이 또 뭐가 있겠어?

JO 무서운 현실이군요.

파블로 아니, 그냥 그건. 현실이야. 진짜, 현.실.

JO 그러나 그렇다고 나쁜 짓을 정당화 할 순 없어요. 사람을 죽이고 마약에 중독 시키고 경찰을 사설 경비원처럼 자유자재로 부리고. 심지어 파블로씨 혼자만을 위한 개인 사설 감옥까지 만들었다면서요. 아방궁처럼. 낮엔 경찰한테 지키게 하고 밤엔 놀러 다니고. 그게 무슨 감옥이에요.

파블로 그래, 그랬다 치자. 내 돈 갖고 내가 쓰겠다는데 니가 무슨 상관이야? 억울하면 너도 많이 벌어. 그럼 되잖아. 나쁜 짓? 정당화 좀 해도 돼. 그러다 죄 많이 지으면 천벌 받고 지옥 가겠지.

JO 맞다. 천벌, 받았죠. 미국 경찰한테서 도망가다 지붕에서 부서진 기왓장 밟고 미끄러져서 죽었잖아요.

파블로 그건 재수가 옴 붙은 거지. 미리 다이어트 좀 해 놓는 건데. 배가 너무 무거웠어. 모냥 빠지게 죽어도 그게 뭐야. 그런 거야, 나도 재수 옴 붙으면 그렇게 하루아침에 비명횡사 할 수 있다고. 그러나 친구, 알아 둬. 한 끝 차이야. 나라 경제를 먹여 살렸다며 거들먹거리는 작자들, 그 작자들은 단합, 독과점, 횡포. 안 했을 줄 알아? 품목만 다를 뿐이지 다 거기서 거기야. 내가 마약 안 팔고 컴퓨터 팔았으면 존경받았겠지. 그런데 왜 컴퓨터 안 팔고 마약 팔았냐고? 이 나라에서 컴퓨터는 못 만들어. 그러나 마약은 만들 수 있지. 단지 그 차이였을 뿐이야. 알아?

그렇다. 그는 죽었다. 내가 만난 건 그 자신이 아니라 거대한 경찰 박물관에 놓인 실물 크기의 밀랍인형이었을 뿐이다. 그러나 마초처럼 불뚝한 배를 내민 자신만만한 표정에서 나는 그의 진심을 보았다. '결국 한 끝 차이야. 난 내가 할 수 있는 일로 나라를 먹여 살렸을 뿐이라고!' 그의 그 자신만만함이, 마약왕임에도 불구하고 국가 전체의 영웅이자 국회의원까지 오른 힘의 원천이 되었을지도 모른다는 생각을 했다. 그러나 이 파블로라는 양반, 진짜 양심이라곤 털끝만치도 없다. 도덕관념도 없다. 그와 얘기를 나누다 보면 사람 죽이는 것도 필요에 의해, 그럴 수 있겠다 싶다. (실제로 그는 그랬다. 그것도 수백 명이나…) 성선설을 믿는 내 관점에서도 진절머리 나게 무서운 인간이지만 그의 말이 자꾸 귓가에 맴도는 것 같다.

　'나라 경제 먹여 살렸답시고 거들먹거리는 그런 인간들은 안 그랬을 줄 알아? 결국 한 끝 차이야.'

내가
사랑한 사람들,
나를
사랑해 준 사람들

낯선 서양인에게서
동양의 情을 느끼다

브라질 상파울로, 훌리오의 손은 따뜻했다

Brazil

saopaulo

여기는 브라질 해변도시 상파울로. 정열적인 삼바음악과 구릿빛으로 잔뜩 그을린 피부의 섹시한 남미 메소티소 여인들로 가득한 꿈의 도시. 이곳에서 난 한가로운 오후의 햇살을 즐기고 있다. 여행을 떠나온 지 어언 8개월째……북미와 중미를 거쳐 남미까지 둘러본 뒤 내일 드디어 유럽으로 떠난다. 아쉬움·후회·미련을 남긴 채 또 다른 기대감으로 잔뜩 부푼 가슴을 안고 대서양을 건너는 것이다. 아메리카 대륙에서의 마지막 날, 감회가 남다를 수밖에 없다.

그나저나 이 놈의 나라는 햇살이 참 좋다. 어디를 가나 남녀노소 가리지 않고 훌렁훌렁 잘도 벗어재낀 채 태양을 만끽하는 사람들을 찾아볼 수 있다. 나 역시 시원한 아이스티 한잔을 옆에 놓고 숙소의 테라스에 길게 누워 책을 보고 있노라면 그 따스함과 여유로움에 작은 행복을 맛보곤 했다. 어느새 까무룩 하게 낮잠이 들어 있는데 가벼운 인기척이 느껴진다. 슬쩍 눈을 떠보니 호스텔 주인장인 훌리오가 옆에 와 있다.

3일 전 여기 빌라 만델레아나 호스텔에 도착했을 때, 입구에서 맞아주는 훌리오를 보고 솔직히 게이인줄 알았다. 멀대 같이 큰 키에 비쩍 마른 몸, 여성스런 몸짓과 목소리, 거기다 온 정성을 다해 호스텔 구석구석을 안내해주는 그 세심함에 '어라? 이놈은 또 왜 이러나?' 하는 약간의 거리감이 느껴졌던 것도 사실이다. 하지만 몇 번의 대화를 통해 집에 가면 그를 기다리고 있는 미모의 아내와 두 아이들까지 있는 성실한 아버지라는 사실을 듣고 나선 나의 섣부른 판단착오를 마음깊이 반성했다. 자세히 살펴보면 볼까지 이어진 곱슬곱슬한 턱수염과 W 형태로 벗겨진 노란 머리카락, 그리고 말할 수 없이 깊고 맑은 눈동자가 참 선해 보이는 친구라는 걸 알 수 있다. 그런 훌리오가 오늘은 웬일인지 머뭇머뭇 수줍게 말을 걸어왔다.

"조Jo~! 나 부탁이 하나 있는데 들어줄 수 있어?"
"응? 뭔데? 뭐든지 말해봐~ 나 내일이면 떠나는데 가능하면 다 들어줄게!"
"별건 아니구~ 너도 알듯이 사실 이 호스텔을 오픈한지 아직 채 한 달도 안 됐거든! 그래서 아직 인테리어를 많이 못했어! 그래서 말인데, 여기 이쪽 벽에 네가 좋아하는 글귀를 너희 나라말로 좀 써줄 수 있을까?"

낮잠 자다가 이게 웬 홍두깨인가 싶었지만 슈렉에 나오는 아기 고양이의 눈빛으로 간절히 나를 바라보는 훌리오에게 거절의 말 따위는 건넬 수조차 없었다. 어릴 적부터 어지간한 악필로 친구들의 놀림감이 되곤 했었던 나지만 그렇다고 그럴싸한 그림을 그릴 자신은 더더욱 없었기에 결국 한글로 무언가를 써주기로 낙찰 지었다. 골똘히 생각한 끝에 선택한 문장은 〈어제까지는 막연한 계획이었지만 오늘은 소중한 경험이 되고, 내일이면 아련한 추억이 될 거야〉라는 문구! 이건 긴 여행을 떠나 지금 이 한순간 한순간을 소중히 간직하고 싶은 염원을 담아 매일 되새기던 문장이다. 어떻게 보면 내 자신을 향한 채찍질이라고도 할 수 있는 일종의 각오로서 여행자들이라면 반드시 잊지 말아야 할 덕목 중의 하나일 거라는 생각이 든다. 결국 훌리오를 위해 이 문장을 선물하기로 했다.

눈이 부실 정도로 하얀 벽면에 이리저리 치수를 재가면서 연필로 밑그림을 그렸다. 그러고 나선 빨간색 물감을 작은 붓에 듬뿍 묻혀 행여나 물감이 흐를세라 조심조심 채워 넣었다. 근 두 시간 동안 땀을 뻘뻘 흘려가며 완성된 작품을 보고 있자니 온통 삐뚤빼뚤 썩 마음에 들진 않지만 나름대로는 최선을 다했기에 그나마 씨익 웃으며 자화자찬 해본다. 곁에서 참을성 있게 바라보고만 있던 훌리오도 너무너무 예쁘다며 극찬을 아끼지 않았다. 마무리로 내 이름 석 자를 낙관으로 남기고 그 밑에는 흐리게 이 문장의 뜻을 영어로 해석해서 써 넣는 것까지 잊지 않았다. 언젠가 내 뒤를 잇는 한국여행자가 거친 여행길에서 이 글귀를 발견하고 흐뭇하게 미소 지을 수만 있다면 더 바랄 것이 없다.

다음 날, 아침에 일찌감치 일어나 샤워를 하고 짐을 꾸렸다. 여행하는 내내 얼추 3일에 한 번꼴로 짐을 풀고 다시 싸곤 했지만 솔직히 아직까지도 적응이 잘 안되고 귀찮은 게 사실이다. 오전에는 잠시 상파울로 주변을 둘러보며 남미 대륙에서의 마지막 관광을 마치고 호스텔로 돌아와 정식으로 체크아웃을 끝낸 뒤 호스텔을 나설 때였다. 갑자기 훌리오가 훌쩍훌쩍 닭똥 같은 눈물을 떨구기 시작한다. 그동안 수많은 숙소를 옮겨가며 그때마다 숱하게 주인장의 배웅을 받아왔지만 이런 경우는 정말 처음이다. 큰 숙소일수록 오히려 사무적인 인사를 건네거나 아니면 심할 경우 매몰차게 무시를 당했던 적도 있었던 것 같다. 그 누구보다도 만남과 헤어짐에 익숙해야만 하는 숙박업소 주인장의 이런 모습에 솔직히 약간은 당황스럽기까지 했다. 커다란 배낭을 어깨에 둘러맨 채 잠시 고민을 하다가 도저히 난 그냥은 떠날 수가 없었다. 결국 발길을 돌려 훌리오에게 다가갔다.

"훌리오! 왜 그래? 왜 울어? 섭섭해서 그래?"
"아냐 아냐~ 어어? 내가 왜 울지? 미안해~ 미안해~"
"에휴~ 훌리오!! 너 그렇게 해서 어떻게 호스텔을 하려고 그래? 여기 왔다가는 사람들 보낼 때마다 만날 그렇게 울꺼야?"
"흑흑~ 정말 미안해~ 나두 알아! 그런데…… 그런데…… 자꾸 눈물이 나는 걸 어떻게 해?"

끊임없이 흐르는 눈물을 멈추지 못하고 연신 끅끅거리는 훌리오의 손은 참 따뜻했다. 그 순간 어렸을 적 밤새도록 팔베개를 한 채 옛날얘기를 해주시던 외할머니의 주름진 손등이 생각났다. 앙상한 뼈 위에 거무스름한 살 거죽만 남아 쭈욱 잡아당기면 한참동안 마치 물고기의 등지느러미 같이 그대로 남아있던 외할머니의 손. 비록 여덟 남매를 하나하나 손수 키우시느라 갖은 고생을 다했기에 거칠어질 대로 거칠어진 손이었지만 그 따스했던 온기만은 아직까지도 내 가슴 속 깊숙한 곳에 남아있다. 가당치도 않은 말일 수도 있겠지만 왠지 모르게 이국땅의 훌리오가 흘리는 눈물에서 그와 비슷한 냄새가 나는 것만 같았다.

이 감정은 정情이라는 단어 말고는 도저히 설명할 길이 없을 것만 같다. 괜히 마음이 쓰이고 나한테 딱히 좋을 것도 없는데도 불구하고 마구마구 퍼 주고 싶은 애틋한 마음. 세계 어디에도 없는 한국 사람한테나 있을 것 같았던 그 정서를 지구 반대편 노랑머리 훌리오에게서 느낀 것이다.

불과 삼일 남짓한 짧은 기간이었지만 훌리오는 자신의 상냥함을 내게 잔뜩 나누어주었고 오랜 여행으로 감정적으로 메말라버린 난 내 나름대로 그의 따스함에 흠뻑 젖어들었다. 괜찮다고, 이젠 그만 들어가라고 손을 절레절레 흔들어보지만 끝끝내 문 앞에 서서 내가 저 멀리 안보일 때까지 하염없이 눈물을 흘리고 있는 훌리오가 생각난다. 내가 다녀 간 후로 수없이 많은 사람들을 맞이하고 또 배웅하겠지만 언제까지나 그 마음 변치 않기를…… 훗날 언젠가 내가 다시 훌리오의 호스텔에 찾아 갔을 때 그가 과연 나를 기억할지는 기약할 수 없지만 내가 받은 그의 따스한 마음은 내 맘에 언제까지나 남아있을 것이다.

"고마워요! 훌리오……."

어제까지는 막연한 계획이었지만
오늘은 소중한 경험이 되고
내일이면 아련한 추억이 될거야

-조영광-

한평반
세탁소 40년

미국 새크라멘토, 이민 1세대의 이야기

가끔 이민을 꿈꿀 때가 있었다.

좁은 땅덩어리에서 뭔가를 펼치기엔 너무 답답하다고 느껴질 때, 교통체증에 꽉 막혀 오도가도 못 하는 삶을 계속 살아야 하나 생각 될 때, 이 땅에선 노력하는 것에 비해 삶의 질이 현저히 낮다는 생각이 자꾸 들 때.

그럴 때마다 이렇게 생각했었다. 지금 대한민국에서 아등바등 살아낼 수 있는 노력이면 세계 어디를 가도 잘 살 수 있을 거다. 그건 반쯤은 사실일 거라고 생각했다. 어린 나이에 미국에서 나고 자란 그 나라 사람도 잘 못 들어가는 사립 명문대를 식은 죽 먹기로 들어가는 것도,

이민 간 지 몇 년 안 돼 자신의 사업체를 척척 꾸리는 것도, '쿵푸팬더'의 예술 감독처럼 세계 예술계를 주름잡기 시작한 것도 모두 한국인이니까. 부지런히 노력하는 한국인의 습성 상 세계 어딜 가든 성공하지 못할 리 없다. 그런 생각이 들었다.

그러나 내가 간과하고 있었던 게 있다. 해외 이민 1세, 2세가 얻어 낸 그 빛나는 성과는 그냥 얻어진 게 아니라는 사실이다. 그저 한국에서 노력하는 반만이라도 열심히 살면 외국에서의 삶의 질은 월등히 좋아지겠거니. 그건 내 막연한 추측일 뿐이었다. 그 사실을 선명하게 깨닫게 해 준 분이 미국 세크라멘토에서 만난 유씨 할아버지다. 드문드문 몇 가닥 남지 않은 백발에 여유로운 미소, 자글자글한 주름으로 자신을 '미스터 유'라고 소개했던 할아버지는 20대에 '기회의 땅' 미국으로 건너 가 벌써 일흔이 넘으셨다고 했다. 오랫동안 미국에서 생활한 '재미교포' 특유의 여유와 낙천성이 느껴졌다. 대체로 내가 한국에서 추측해 왔던, 상상해 왔던 성공한 재미교포의 표본 같은 분이셨다. 유씨 할아버지와의 대화는 우연히 시작되었다. 그저 여행 온 한국인이라는 이유만으로도 할아버지는 지나가는 나를 붙잡고 몇 마디라도 더 말씀하고 싶어 하셨고, 예의상 몇 마디 받아들이던 나는 할아버지의 진솔한 대화에 녹아들고 말았다. 아마 '미국은 재미없는 천국, 한국은 재미있는 지옥'이라는 한 마디 때문이었던 것 같다. 미국에서 흔히 쓰이는 그 말을 처음 들었던 난, 그 말이 와 닿는 촌철 살인적 의미 때문에 할아버지의 인생에 궁금증이 확! 생겨 버렸다.

"내가 미국 와서 고생한 만큼 한국에서 살았으면 벌써 대한민국 대통령이라도 했을 거야."

　할아버지의 첫 마디에 내가 생각하고 있었던 '재미교포'에 대한 막연한 동경이 얼마나 미련했던 것인지 고정관념이 확! 깨졌다. 기회와 평등의 땅이라는 미국. 아무런 대책도 계획도 없이 무작정 건너 온 할아버지는 주로 한국인이 많이들 하고 있던 세탁소를 운영하셨다. 처음부터 사장이었던 건 아니고 자신의 가게를 갖기 위해 새벽부터 밤늦게까지 밥 먹을 시간도 없고 잠 잘 시간도 없이 움직이셨단다. "이 나라가 그거 하나는 괜찮아. 노동자한테 정당한 노동의 대가를 주거든. 한국은 목수일 밤낮 해도 사무실 앉아 있는 놈들보다 월급이 적잖아. 이 나라는 힘든 일 하면 뽀나스가 두둑해. 그래서 좀 벌었지. 주말에 일하고 새벽에 일 하고 남들 일 안 할 때 일하면 뽀나스가 나오니까." 그게 핵심이었다. 성공한 해외 동포들이 그저 적당히 일을 해서 지금의 성공을 거둔 게 아니라 남들 일 안 하려고 할 때, 남들보다 힘든 일을 열심히 했기 때문에 성공할 수 있었던 거였다. 인생이 담긴 할아버지의 말씀에 저절로 머리가 숙여졌다.

　"먹을 게 없었어. 입에 맞아야지. 말이 돼야 뭘 해 먹지. 마트에서 사서 한 일 년을 맛있게 먹은 고기 통조림이 있었는데 말이 좀 통하고 보니까 그게 고양이 먹이 통조림이더라고. 그런데 그게, 당시 우리나라 밥 한 끼 값보다 비쌌거든. 허탈해서 웃음이 나더라고. 아메리카 고양이들은 대한민국 사람보다 더 비싼 밥을 먹고 살았단 말여. 그게 다 옛날 애기지만." 옛날 애기라고 웃으시지만 마냥 웃기만은 힘든 눈물나는 에피소드였다.

"너무 앞만 보고 달렸어. 세탁소를 사십 년을 했는데, 아침 일곱 시, 칼 같이 열어서 열 시고 열한 시고 손님이 없어도 그냥 앉아 있는 거야. 미국 놈들이 하는 데는 퇴근 시간 되면 다 닫거든. 그 담에 돼서야 한국인이 하는 대로 사람이 오는 거지. 이 나라 사람들은 늦게까지 일 안 해. 주말에도 안 하고. 근데 365일 매일같이 문 열지, 일찍 열고 늦게 닫지, 친절하지, 배달 다 해 주지. 그러니 미국 놈들하고 짬이 되나? 그러다 보니까 여행도 한 번 못 가고, 아파도 쉬지를 못 하고, 자식 놈들 대학 입학하고 졸업한다고 해도 거길 한 번 못 가고. 왜 그러고 살았나 몰라, 이 동네만 사십 년이야. 미국 산다고 해도 뉴욕이 어떻게 생겨 먹었는지 나이아가라가 어떤지 하나도 몰라. 몇 년 전에 우리 세탁소에 불이 났는데 그 때 왜 진즉 안 접었는지 아직도 후회막심이야. 다 늙어서 주구장창 앉아서 이러고 있음 뭐해. 이게 사는 거야? 돈만 벌다 가는 거지!"

할아버지의 말씀에 이민 1세대의 회한과 고통이 느껴졌다. 그렇게 일 년 365일 한결같이 세탁소 문을 연 할아버지 덕분에 그 아들딸은 명문대에 가고, 좋은 직업을 얻고, 미국에서 성공한 한국인이 되어 있었을 거다. 내가 할아버지 아들이라도 그랬을 것 같다. 아버지가 타국에서 밤도 낮도 주말도 없이 일하시는데 어떻게 공부하기 싫다 투정할 수 있을까? 이민 2세대가 거저 가는 줄 알았던 명문대 성공 신화에는 그런 배경이 있었던 것이다. 온갖 차별과 아픔 속에서 말도 안 통하는 사람들과 어깨를 겨뤄내기 위해서는 고만고만, 끼리끼리 사는 한국에서의 삶과는 또 다른 고통과 인고의 시간이 있었을 것이다.

"이민? 택도 없는 소리 하지도 마. 인제 돌아갈 수도 없지만, 나한테 선택하라고 하면 난 고향 가서 한국 땅 밟고 죽고 싶어. 인젠 못 가지. 가 봐야 친척도 없고 친구도 없고. 친구들도 다 여기서 사겨서 다 여기 있으니께. 이게 좋아 보여? 몇 십 년을 살아도 남의 나라는 그저, 남의 나라인겨!" 유씨 할아버지는 택도 없는 소리 하지 말고 한국 가서 열심히 살라고 하셨다. 이민해서 살 노력과 각오 있으면 한국에서 뭘 해도 성공할 수 있다고. 할아버지 말씀에 그 동안 내 좁았던 식견과 경험이 죄송하게 느껴졌다. 훌쩍 비행기만 타고 나오면 뭐든 이뤄질 것만 같았던 이민 성공 신화, 나한테 왜 그런 편견이 있었던 건지. 삶을 산다는 건 한국이든 외국이든 어디에서든 쉬운 일이 아니었던 것이다. 자신의 인생을 책임지는 건데 더 나아가 나의 가족과 자녀를 책임지는 것인데 그게 어디 쉽게 될 일이겠는가.

"우물쭈물 하다 내 이럴 줄 알았다. 이게 버나드 쇼 묘비명인 거 알지? 내가 딱 그 꼴이야. 한 평짜리 세탁소 안에서 우물쭈물 하다 인생이 끝났어. 이러다 그냥, 가는 거지 뭐." 이제라도 여행도 하시고 많은 경험하시라는 내 말에 할아버지는 젊은 청년이나 젊었을 때 많이 하라며 웃으셨다. 세계 일주 나온 거, 참 잘 생각한 거라고. 많이 배우고 많이 쌓아서 대한민국이 더 많이 발전되어야 한다고. 우리가 쉽게 줄여 말하는 한국을 또박또박 '대한민국'이라고 말씀하시는 할아버지의 말에서 애국심이 느껴졌다. 할아버지 인생은 이러다 끝이 나겠지만 젊은 이는 그렇게 살지 말라는 말씀에 마음이 아려왔다. 지금도 유씨 할아버지는 새크라멘토의 작은 세탁소를 지키고 계실 것이다. 남들 문 안 여는 때 문 열면서 그 곳에서 한국인의 책임감과 신뢰성을 쌓아 가면서. 할아버지께 그 말씀을 못 드리고 왔다.

"할아버지께서 평생 새크라멘토에서 해 오신 거, 그게 바로 애국이에요! 감사합니다~"

in sacramento

아마존 밀림 속의
앨리, 그녀는 잔혹했다
볼리비아 루레나바께, 애완동물을 기르다

Bolivia

● Rurrenabaque

새벽 5시 반, 사방이 조용하다. 코를 스치는 냄새가 축축하니 습기를 잔뜩 머금고 있다. 제멋대로 여기저기 모습을 드러내고 있는 수풀 사이로 안개가 자욱하다. 멀리서 이름 모를 새가 기분 나쁘게 끼룩거리는 게 마치 히치콕 감독이 만든 공포영화의 한 장면 같다. 밤새도록 모기에 시달리다가 새벽녘에야 어설프게 들어버린 풋잠은 결국 설익은 밥 마냥 쉽사리 깨어버렸고, 찌뿌둥한 어깨를 연신 주무르며 허술한 나무다리에 앉아 조금 더 허술한 피라니아 낚싯대를 수면에 담궈본다. 그런데 갑자기, 바닥에 깊숙이 박혀있는 통나무 기둥 사이로 무언가 움직이는 게 느껴진다. 아직까진 흐릿

해서 형체가 잘 구분되지는 않지만 불청객은 잔잔한 수면에 옅은 파동을 일으키며 서서히, 그리고 숨소리조차 내지 않고 천천히 내 쪽을 향해 접근해 오고 있다. 째깍째깍, 뱃속에 들어있는 낡은 시계바늘 소리가 마치 환청같이 나지막하게 들리는 것 같기도 하다. 잔뜩 눈을 찌푸려 보니 물 밖으로 빼꼼 나와 있는 두 개의 검은 구멍이 언뜻 보인다. 그게 뭔지 미처 생각해보기도 전에 그 뒤를 따라 세로로 가느다랗게 찢어진 눈동자가 모습을 드러내고 거기서 뿜어져 나오는 차가운 안광에 가슴 한구석이 서늘해진다.

'악어다!'

머릿속이 순식간에 하얗게 변하면서 나도 모르게 조금씩 뒷걸음치기 시작했다. 그 어떤 물체든지 갈갈히 찢어버리고도 남을 만큼 날카로운 이빨이 빽빽하게 나 있는 강렬한 턱과 거칠고 딱딱해 보이는 모난 뿔이 잔뜩 솟아있는 암녹색의 긴 등딱지, 그리고 제 아무리 야수의 왕이라 자부하는 사자마저도 한방 제대로 후려치면 뼈도 못 추릴 것만 같은 근육질의 커다란 꼬리를 자랑하는 악어는 가히 온몸이 무기라고 해도 틀린 바가 없어 보인다. 하지만 그보다도 더욱 소름끼치는 건 바로 전신에서 뿜어져 나오는 파충류 특유의 싸늘한 냉기가 아닐 수 없다. 한 번 눈이 마주치면 절대로 그 눈길을 거두는 법이 없는데 그 속에서는 어떠한 감정도 느껴지지가 않는다.

하지만 잠깐! 이놈은 다른 악어들과는 무언가가 영~ 다르다. 이상하게도 내 앞 약 1m 전방에서 더 이상의 접근을 멈춘 채 가만히 나의 행동만을 주시하고 있다가 내가 한쪽으로 움직이기 시작하면 조용히 내 뒤를 따라온다. 그렇게 처음엔 잔뜩 겁에 질려 악어가 눈에 띄기만 해도 방으로 도망치기 바빴지만 같은 일이 며칠 째 반복되자 점점 익숙해졌다. 악어는 내가 눈 뜨는 시각에 맞춰 여지없이 내가 묵는 방갈로 앞에서 날 기다렸고, 내가 시야에 들어오는 순간부터 끊임없이 주시하고 따라 다니기 시작했다. 처음엔 '저게 날 먹이로 삼으려고 저러나' 하는 불안감과 초조함이 컸지만 시간이 지날수록 점차 공포심은 사라져 갔다. 솔직히 저 놈이 날 잡아 먹으려고 작정했으면 벌써 첫 대면에서 그리했어야 되는 것 아닌가. 나는 결국 '저 녀석이 날 좋아하는 거구나' 제멋대로 해석하기 시작했다. 그게 단지 오해만은 아니라고 생각되는 건 다른 사람들이 아무리 부르고 먹이로 꼬셔봐도 들은 척 만척, 본체만체 하다가 꼭 내가 나타날 때만 졸졸 내 뒤를 따라 다니기 때문이었다. 결국 일행들마저도 악어가 나와 각별한 사이임을 공식적으로 인정하고 그 악어에게 Alligator의 앞 글자만 따서 〈앨리Ally〉라는 이름까지 붙여 주었다. 내 인생 최초의 애완동물! 아니, 애완 파충류인 악어 앨리가 탄생한 감격스런 순간이다.

애완동물로서의 앨리는 참 과묵했다. 내가 아무리 앞에서 소리를 지르고 난리를 펴도 그 어떤 심적 동요도 보이질 않았다. 거짓말 약간 보태서 강아지 마냥 "손~!" 이라던가 "기다려~!" 같은 훈련을 시켜보고자 무던히 노력해 봤건만 눈만 껌뻑껌뻑 마치 먼 산 뻐꾸기 처다보듯 뚱한 눈빛으로 묵묵히 지켜보기만 할 뿐이다. 앨리는 수면위로 길쭉한 주둥이만 내놓은 채 그저 가만히 나의 일거수일투족을 쫓아 느릿느릿 부유했다. 내가 아나콘다 사냥을 갔다 왔을 때에도 집을 지키며 나를 맞이해 주었고, 그 유명한 아마존의 핑크 돌고래와 수영을 즐기고 왔을 때에도 마찬가지로 한결 같이 나를 기다려 주었다. 답례라고 하기엔 좀 부족한 면이 없진 않지만 나 역시도 점심식사를 하는 와중에 조금씩 고기반찬을 남겨 앨리에게 던져주었다. 전광석화 같은 날렵한 몸놀림으로 고기를 채갈 때에는 나도 모르게 흐뭇한 미소가 입가에 번졌다. 비록 볼을 핥으며 애정을 표현하는 강아지와 함께 침대를 공유하는 형태의 직접적인 교감은 아니었을 지라도 (솔직히 차마 시도할 엄두가 나지 않았기에……) 그렇게 앨리와 나 사이에는 차츰 따뜻한 무언가가 애틋하게 자리를 잡기 시작했다.

언제나 그렇듯 이별의 시간은 그 무엇보다도 빠르게 다가왔다. 짧디 짧은 아마존 탐험의 모든 여정을 마치고 다시 문명의 세계로 복귀하는 당일 아침, 난 누구보다도 일찍 일어나서 앨리와 팔베개를 하고(?) 나란히 누웠다. 비록 앨리는 수면 위에, 반면 난 나무다리 위에 조금은 떨어져 있을 수밖에 없었지만 함께 바라보는 아마존의 일출은 눈이 시릴 정도로 강렬했다. 빽빽하게 들어차 있는 밀림 속 틈바구니로 날카로운 햇살이 비집고 들어와 축축이 젖어있던 나뭇가죽에 따뜻한 생명의 온기를 전해 주었다. 멀리 이마에 화려한 장식이 달린 이름 모를 새 한 마리가 높다란 가지에 걸터앉아 긴 꼬리를 늘어뜨린 채, 꺼르륵꺼르륵 생전 한 번도 들어본 적 없는 기묘한 목소리로 울부짖으며 아마존의 아침을 알렸다. 그렇게 잠깐 너무나도 황홀한 아마존의 모습에 한눈을 판 순간 옆을 돌아보니 앨리가 사라지고 없었다. 그동안 한시도 내 곁을 떠나지 않고 지켜주었던 앨리였기에 서둘러 사방을 두리번거리며 찾아봤지만 그 어디에서도 모습을 드러내지 않았다. '작별인사도 없이 가버렸구나…….' 마음속에서 서운한 감정이 스물스물 기어 나올 무렵, 갑자기 앨리가 반대편 수면위로 몸을 솟구쳐 펄쩍 뛰어올랐다. 물 밖으로 커다란 몸통이 절반 가까이나 드러날 정도로 힘차고 화려한 점프였기에 사방으로 엄청난 물보라가 튀었고, 일제히 푸드득거리며 날아오르는 새들의 시끄러운 소리로 인해 곤히 잠들어 있던 일행들이 전부 다 깨어나 무슨 일인가 나와 볼 정도였다. 멋진 쇼를 마친 앨리는 그 소동을 틈타 거대한 물살을 가르며 유유히 사라져 갔다. 그건 아마도 내게 남긴 '마지막 작별인사'가 아니었을까? 하는 생각이 든다.

내 평생 또 다시 앨리를 만날 날이야 있겠냐만은, 늦게나마 진심으로 앨리의 건강과 아마존의 평화를 빌어본다.

Goodbye…… Ally…….

탱고와
사랑에 빠지다

아르헨티나 부에노스아이레스, 스텝이 꼬이면 탱고다

Argentina

Buenos Aires

한 여인이 울고 있다.

새빨간 드레스와 짙은 화장이 묘한 분위기를 자아내는 매혹적인 여인이 뒤돌아 눈물을 떨구고 있다. 무슨 사연일까? 누가 이 아리따운 아가씨를 슬프게 만들었을까? 순간, 심하게 흔들리는 여인의 뒷모습을 멀찌감치 떨어져 안타깝게만 바라보던 검은 수트의 남자가 다가온다. 그의 얼굴 역시 슬픔에 잔뜩 일그러져 있다. 남자는 여인에게 몇 마디 말을 건네 보지만 돌아오는 건 가시 돋친 외마디 절규 뿐. 지금 그녀에게 필요한건 뒤늦은 참회의 몸짓보단 따뜻한 말 한마디와 다정한 포옹일런지도 모른다. 하지만 남자는 그걸 모른다. 상처받은 영혼을 달래주는 방법을 몰랐기에 그 역시 더 큰 상처를 받고 쓸쓸하게 돌아선다. 한참이 지나서야 뒤늦게 남자의 소중함을 깨달은 여인은 떠나버린 남자를 찾아가 용서를 구해보지만 이미 그 남자에겐 다른 여인과 아이가 존재한다. 엇갈린 인연과 기구한 운명의 장난 앞에 한없이 신을 원망해 보지만 그 모든 것이 부질없긴 매한가지. 그렇게 이루어지지 못한 사랑은 결국 다음 생을 기약하며 점차 사그라든다.

이곳은 아르헨티나 부에노스아이레스의 〈라 보까〉라는 항구 마을. 19세기 무렵 유럽 각지에서는 저마다 달콤한 아메리칸 드림을 꿈꾸며 온갖 이주민들이 몰려들었다. 하지만 하루하루 고달픈 노동의 연속과 타지에서의 외로운 삶에 지칠 대로 지친 이들은 하나 둘씩 모여 서로의 아픔을 어루만지고 고향의 그리움을 달래곤 했다. 라 보까는 이렇듯 거친 항만 노동자와 도축업자, 밀수꾼과 거리의 여인들이 뒤엉킨 도시였고 그 뒷면의 풍경에는 생활에 찌든 노동자의 권태와 고독감이 가득했다.

그러던 어느 날, 선원 중 하나가 배에 칠하다 남은 페인트를 마을 건물의 외벽 함석판에 칠하기 시작했고 그 후 수많은 사람들이 동참하여 마을은 점차 알록달록 화려하게 변해갔다. 음울했던 마을의 분위기는 순식간에 활력과 생기가 넘치는 곳으로 탈바꿈되었고 하층민의 가난한 삶과 체념적인 인생관이 라틴 음악의 격정과 융화되어 탱고 음악의 정서와 내용이 되었다고 한다. 흥청대는 밤거리와 이둡고 습기 가득한 라 보까의 일상은 2/4박자의 강렬한 리듬감과 악센트를 자아내었고, 강한 호소력으로 그들의 삶과 영혼을 지배했다. 지금도 라 보까는 탱고의 발상지로서, 그리고 탱고를 좋아하는 모든 사람들의 성지로서 그 역할을 톡톡히 해내고 있는 부에노스아이레스의 상징 같은 곳이다.

한가로운 토요일 오후, 라 보까 길가에 있는 레스토랑의 야외 테이블에 앉아 느지막이 브런치를 즐기고 있는 사람들 틈새로 감미로운 목소리가 들려온다. 마치 무언가에 홀린 듯 천천히 그 음색을 따라가 보니 등나무로 한껏 치장된 벤치 아래에 따사로운 햇살을 받으며 두 남녀가 애절한 선율을 토해내고 있었다. 붉은 드레스를 입은 여인이 살짝 토라져 등을 돌리니 검은 수트의 사내가 무릎을 꿇으며 사랑을 구걸한다. 하지만 잠시 후, 도리어 사랑에 눈이 멀어버린 여인이 사내의 식어버린 열정을 붙잡으려 눈물을 토해내기도 한다. 이것이 바로 말로만 듣던 '탱고'였다. 비록 정열적인 무희가 등장하지는 않았지만, 비록 가사와 내용을 전부 알아들을 수는 없었지만 부드러운 밴드의 연주와 애절한 두 남녀의 목소리에 매료된 나는 도저히 쉽게 자리를 뜰 수가 없었다. 이런 노래를 매일 들을 수 있는 아르헨티나의 사람들이 진심으로 행복해 보였고 그들의 여유가 미친 듯이 부러웠다.

사실 탱고라 하면 "딴딴따단 따다다다단~"으로 시작되는 영화 〈여인의 향기〉의 유명한 탱고 음악인 〈Por Una Cabeza〉가 먼저 떠오르고, 그 곡에 맞춰 장님을 연기하는 알파치노와 매력적인 여배우 가브리엘 앤워가 함께 추는 정열적인 춤으로 기억되곤 한다. 하지만 탱고의 발상지인 아르헨티나에서 내가 직접 느낀 탱고의 향기는 좀 더 강렬했고 좀 더 농밀했다. 부드러운 카푸치노 보다는 오히려 악마같이 쓰

디쓴 에스프레소의 맛이라고나 할까? 사랑도 평범한 것이 아닌 죽음마저도 갈라놓지 못할 그런 종류의 사랑과 왠지 잘 어울릴 것만 같았다. 우리 민족에게 한(恨)이라는 정서가 있다면 아르헨티나 사람들에겐 탱고에서 기인한 정열적인 삶의 에너지가 느껴졌다.

내친 김에 본 고장 탱고의 화려한 선율 속으로 빠져 들어가 보고 싶었다. 이른 초저녁부터 찾은 곳은 매일 밤 길 한복판에서 열리는 탱고 축제. 라이브 탱고 연주에 맞춰 군데군데 둥글게 모여 전문 강사의 지도를 받거나 혹은 맘에 드는 파트너에게 즉석에서 요청해서 탱고를 즐길 수도 있었다. 가만히 서서 구경만 하고 있던 나도 엉겁결에 간단한 스텝 몇 가지를 배워 엉거주춤하게 따라해 보지만 이게 말처럼 쉽지가 않은 듯. 자꾸만 꼬이는 스텝 속에서 땀만 뻘뻘 흘릴 뿐이다.

저녁에는 탱고 쇼를 관람하러 갔다. 적지 않은 금액을 지불하고 나서 테이블 한 켠에 자리를 잡고 앉으니 화이트 와인 한잔과 함께 쇼가 시작되었다. 각각 세 쌍의 젊은 남녀가 나와 같이, 때론 따로 춤을 선보이는데 바라보는 것만으로도 손에 땀이 흥건히 배일만큼 열정적이다. 숨 쉴 틈 없이 이어지는 Sacada(사까다. 상대방의 다리 밑으로 본인의 다리를 넣으면서 걷어 내는듯한 동작)와 Gancho(간초. '고리'라는 뜻으로 상대방의 다리를 본인의 허벅지와 종아리로 잡는 동작)의 향연. 누군가 말했다. "인생이 꼬이듯 스텝이 꼬이는 게 바로 탱고입니다!" 최고의 실력을 자랑하는 무희들의 스텝은 서로 얽히고 설켜 도저히 눈으로 따라갈 수 없을 정도였지만 물 흐르듯 자연스러운 그들의 모습은 탱고가 표현할 수 있는 화려함의 극치를 보여주었다.

그들의 공연이 잠시 멈추고 이번에는 머리가 하얗게 샌 노신사가 흰 양복을 빼입고 나와 관객들에게 노래를 선사한다. 감미로운 선율! 계속 이어지는 공연에선 단지 춤과 노래만이 아닌 사랑하고 배신하고 다시 참된 사랑의 의미를 되찾는 하나의 스토리를 엿볼 수가 있었다. 중간 중간 관객의 손을 잡고 끌어내서 참여를 유도하기도 하고 섹시한 무희가 관객석까지 내려와 유혹의 손길을 던지기도 하면서 잠시도 쉴 틈을 주지 않는가 싶더만, 어느새 두 시간이 훌쩍 지나가 버렸다. 너무나 만족스럽고 흡족했던 시간. 부에노스아이레스를 방문하는 모든 이에게 꼭 추천해주고 싶은 공연이다!

　　활기찬 사람들과 에너지, 그리고 정열적인 탱고의 진수를 조금이나마 맛 볼 수 있었다는 뿌듯함. 그렇게 난 탱고와 사랑에 빠져버렸다.

tango!

악마의 악기 〈반도네온〉

정열적인 탱고의 본고장 아르헨티나, 길거리 공연을 펼치던 악단에서 유난히도 내 시선을 잡아끈 악기가 있었다. 여러 겹으로 만들어진 주름과 수십 개의 버튼이 빽빽하게 달려있는 이 정체불명의 물체. 이 악기가 지그시 눈을 감은 연주자의 무릎 위에서 마치 꿈틀대는 뱀처럼 춤을 추기 시작하면 섣불리 그 자리를 뜰 수 없을 만큼 매혹적인 선율이 뿜어져 나왔다. 이 악기가 바로 그 독특한 음색과 다루기가 워낙 까다로운 탓에 "악마의 악기"라고 불리는 〈반도네온〉이다.

네모난 긴 주름상자 모양을 한 반도네온은 오른손 쪽에는 고음부를 이루는 38개의 건반이, 왼손 쪽에는 저음부의 33개의 건반이 있고 모두 142음을 낼 수 있다. 세계적인 반도네온 연주자이자 탱고 작곡가인 피아졸라는 이 악기의 음색에 대해 "굉장히 극적이고 아주 슬프면서 벨벳처럼 부드럽다"라고 표현한 바 있다. 그만큼 아름다운 탱고선율에서 빠져서는 안 되는 핵심악기지만 연주법이 워낙 복잡해서 매번 같은 음색을 만들어 내기가 쉽지 않다고 한다. 기회가 닿는다면 개인적으로 꼭 한번 배워보고 싶은 악기로 이 글을 읽고 계신 모든 분들에게 반도네온의 매력적인 선율에 한번쯤 빠져보시길 권해드리고 싶다.

하쿠나 마타타,
하쿠나 마타타

탄자니아 아루샤, 세렝게티 초원의 로맨스

Tanzania

Arusha ●

~~~~~~~~~~~~~~~~

"Hello~ Welcome! Nice to meet you~"

탄자니아 아루샤의 허름한 호텔, 사실 호텔이라고 말하기에도 쑥스
러울 정도의 허름한 시설이다. 하지만 이 가격에 이 정도의 방을 얻기
란 그리 쉬운 일이 아니기에 선뜻 방으로 들어섰다. 솔직히 밤새도록
덜컹거리며 뿌연 비포장 모래바닥을 달려왔기 때문에 피곤함이 턱 끝
까지 차 있어 더운밥 찬밥 가릴 처지가 아니었다. 그저 비루한 한 몸뚱
이 잠시 눕힐 침대만 있어도 감지덕지인 상황이다.

그런 와중에 하얀 이를 드러내며 첫 모습을 드러낸 그녀는 마치 햇

살에 비친 까만 조약돌마냥 반짝반짝 빛나고 있었다. 꼬불꼬불 심하게 억세지만 맨머리에 앙증맞게 붙어있는 머리카락이 인상적이다. 살짝 만져보면 뽀송뽀송하게 느껴질지도 모른다. 둥글납작한 코와 두툼한 자주빛 입술은 조막만한 얼굴 안에 큼지막하게 자리를 차지하고 있어 시원한 느낌을 준다. 그 위로 약간은 도도한 듯, 하지만 결코 차가워 보이지만은 않은 눈빛이 유난히 하얀 눈자위 탓에 도드라진다. 잘록하게 허리선이 들어가 있는 까만 치마정장 속으로 언뜻언뜻 보이는 하얀 블라우스는 그녀의 윤기 나는 흑진주빛 피부를 더욱 돋보이게 만들어 준다. 전반적으로 단아하면서도 싱그러운 느낌이 물씬 풍기는 매력적인 아가씨다.

이름은 그레이스Grace. 근처에 있는 대학교의 호텔관광학과 학생으로 이 호텔에서 매니저로 실습 중이라는 소개를 마친 그녀는 홀로 하는 오랜 여행에 지쳐 있는 내 모습이 적잖이 딱해 보였는지 서툴지만 직접 요리를 만들어 방으로 가져다 줄 정도로 내게 친절하게 대해 주었다. 나 역시 그녀의 친절을 너무나 감사하게 받아들였고 따뜻한 정에 목말라 있던 내게 그녀는 마치 가뭄의 단비와도 같았다.

다음 날, 그레이스가 가이드를 자청했다. 마침 쉬는 날이라 시간이 있다면서 킬리만자로 산기슭에 있는 모시라는 마을을 안내해 준단다. 이런 좋은 기회를 놓칠 수야 없지! 흔쾌히 그녀의 제안을 받아들이고 함께 길을 나섰다. 오랜 기간 혼자 여행을 다니며 많이 외롭고 쓸쓸했나 보다. 누군가 대화를 나눌만한 상대가 있다는 것만으로도 고마웠고, 더군다나 그 상대가 까만 피부의 예쁘장한 현지 아가씨란 사실이 믿기지 않을 정도로 기뻤다. 척박했던 내 여정에 그야말로 꽃이 피었다. 이곳저곳을 구경하며 그녀는 내게 탄자니아 시골마을의 생활풍습을 소개해 주었고 함께 바나나 맥주도 먹으며 즐거운 시간을 보낼 수 있었다.

그레이스는 영어가 많이 서툴렀다. 손짓발짓을 동원해서 그나마 그녀보다는 조금 나았던 내게 영어를 배웠고 대신 그녀는 탄자니아의 현지 언어인 스와힐리어를 내가 이해하기 쉽도록 구전되는 노랫말로 알려주었다.

"Jambo~ Habari gani? Njuri sana! Karibu~ Asante!" 잠보~ 하바리 가니? 은주리 사나~ 카리부~ 아산떼!
(안녕~ 잘 지냈니? 네 잘 지냈어요! 환영합니다~ 고마워요!)
"Hakuna matata~"하쿠나 마타타~ (걱정 마세요~ 다 잘 될 거에요!)

사실 내가 이 곳 아루샤를 찾아온 목적은 세렝게티 초원의 응고롱고로 분지에서 수많은 야생동물들을 보기 위함이었다. 하지만 사방팔방 발품을 팔아 알아본 결과 외국인으로서 개인적으로 투어회사의 프로그램에 참가하는 건 상상을 초월할 정도로 비쌌다. 고작 3~4일에 100만원이 훌쩍 넘어버리는 비용에 정말 어쩔 수 없이 눈물을 머금고 포기해야만 되는 상황! 그 때 내게 구세주처럼 나타난 것이 그레이스였다. 그녀는 자기가 다니는 학교에서 며칠 후 출발하는 졸업여행에 특별히 참가할 수 있도록 도와주었고 교수님과 많은 친구들까지 소개시켜 준 것이다. 덕분에 난 많은 비용을 아낄 수 있었고 훨씬 더 알찬 구경을 할 수 있었다. 그녀의 따뜻한 배려가 너무나 고마웠지만 난 그저 몇 끼의 식사를 대접하는 것 말고는 해줄 수 있는 것이 없었다.

어느새 너무 많이 친해져 버린 그레이스와 나. 헤어질 때가 점점 다가오고 있다는 사실이 안타까울 따름이다. 여느 때와 마찬가지로 변함없이 내게 친절을 베풀고 있는 그녀에게 어느 순간부터 난 의도적으로 멀어져 갔다. 그 동안의 숱한 경험으로 미루어 볼 때 이별의 감정이 가지고 있는 날카로운 아픔을 누구보다도 잘 알고 있기에, 책임질 수 없는 감정의 낭비와 미련의 야속함은 나에게도 그녀에게도 견디기 힘든 것이라고 판단했다. 난 결국 여행자였고 그녀에게는 이방인에 불과했다.

짧은 만남이었지만 내가 받았던 그레이스의 호의는 아마도 내 여행길에서의 가장 행복했던 기억 중의 하나로 남게 될 것이다. 비록 내게 남겨진 건 그녀의 E-mail 주소가 적힌 종이쪽지 한 장이 전부지만 지금 이 순간에도 내 머릿속에는 그녀가 들려주던 노랫가락과 목소리가 나지막하게 울려 퍼지고 있다.

…… 하쿠나 마타타~ 하쿠나 마타타~

hakuna matata

세상 끝에서
만난 후라면집 아저씨

칠레 뿐따 아레나스, 끝이라는 단어가 주는 정서

Chile

Punta Arenas

끝이라는 단어가 주는 정서가 있다.

어딘지 모르게 외롭고, 다시 못 올 것만 같아 애처롭고 무슨 핑계를 대서라도 붙잡고 싶은 그런 정서. 대륙의 끝 푼타 아레나스에서 내가 느낀 마음은 딱, 그 '끝'이 주는 안타까움이었다. 푼타 아레나스는 남극으로 가는 통로다. 지금까지 상상해 본 적 없는 추위로 온 몸이 덜덜 떨리고 이가 딱딱 부딪친다. 추운 동네니까 당연히 인적도 드물고 인구 밀도도 낮다. 칼바람을 헤치며 걷는 동안 오직 한 가지 생각만 든다. '도대체 뭔 놈의 부귀영화를 누리려고 내가 여길 걷고 있나, 뜨거운 라면 국물에 밥 한 그릇 말아먹으면 딱 좋겠다!' 그런데 이런 남미 끝자

내가 사랑한 사람들, 나를 사랑해준 사람들

락에 라면집이 있을 리가……!! 있다!!!!!

나는 칼바람을 맞고 꿋꿋이 서 있는, 그것도 한국어로 또박또박 쓰여 있는 '신라면'이라는 간판을 한참동안 바라보았다. 추운 줄도 모르고 내가 혹시 이상한 나라의 앨리스처럼 딴 세상에 와 있거나 환상을 보고 있는 건 아닌가 하는 심정으로. 그러지 않으면 마치 기다렸다는 듯 내 눈앞에 그토록 바라던 라면집이 나타나겠는가 말이다.

"아, 뭣하고 서있어? 추운데 어여 들어와!"

귀를 때리는 반가운 한국어에 정신이 번쩍 들었다. 키가 크진 않지만 체격이 좋은, 머리를 짧게 자른 아저씨가 마치 조카를 부르듯 나를 가게로 불러들였다.

"그런 데 서 있음 얼어 죽어. 라면 먹으란 소리 안 할 테니까 몸이나 좀 녹이고 가."

아저씨는 난로의 불을 한껏 올려 주었다.

"아니요! 라면 주세요! 저 아까부터 뜨끈한 라면 국물이 간절히 그리웠거든요."

아저씨는 그 맘 다 알았다는 듯 후루룩 뚝딱 라면을 끓여 주셨다. 외지에서 한식을 먹으면 늘 그렇듯 2%가 아쉽다. 그 재료 그 맛이 아니고, 심지어 물도 그 물이 아니기 때문이다. 한국에서 먹던 그 뜨끈하고 얼큰한 라면을 기대했던 건 절대 아니었다. 그런데 이 아저씨가 끓인 라면 맛은 마치 사골 국물로 끓인 것이 아닌가 싶을 만큼 깊은 맛이 났다. 넣은 거라곤 물에 라면스프, 쫄깃한 면이 전부였을 텐데도 마치 삼일 밤낮을 곰삭아 끓인 육수로 만들었을 것 같은 그런 깊이가 느껴졌던 것이다. 그 깊이는 어쩌면 흘러 흘러 대륙의 끝까지 와서 라면집을 차렸어야만 했던 아저씨의 인생이 고스란히 녹아 있어서가 아니었을까.

이 아저씨의 사연이 궁금했다. 깍두기처럼 머리는 짧게 자르고 반백이지만 아직도 다부진 체격을 가지고 있는, 내 팔뚝보다 더 두꺼운 팔뚝에 두툼한 솥뚜껑 같은 손으로 섬세하게 라면을 끓이는, 엽기토끼처럼 눈이 쳐진 선한 웃음을 짓는 저 아저씨의 정체가 궁금했다. 외국엔 그런 사람이 많다던데 혹시 한국에 있을 때 사람 하나 죽이고 도주한 거 아냐? 인터폴의 추적을 받고 있는 건 아닐까? 아니면…… 한 때 큰 회사 사장님이었는데 부도내고 도망 나온 건 아닐까? 그런 생각이 망상이 아닐 만큼 아저씨가 풍기는 포스는 특별했다.

"어쩌다 이 먼 곳까지 와서 라면집을 차리게 되셨어요?"

나는 짐짓 별 것 아닌 질문인 양 아저씨에게 물었다.
아저씨는 수없이 그런 질문을 받았다는 듯 입가에 미소를 지으시곤,

"사람 사는 게 다 그렇지, 뭐."

했다. 사람 사는 건 다 그렇다. 하지만 아무나 고향 반대편에서 라면집을 차리지는 않는다.

"나는 풍운아여. 풍운아 뜻이 뭔지 알지? 바람 따라 사는 인생, 순풍이 돌면 순풍 따라 돌고 역풍이 돌면 역풍 따라 움직이고. 그래서 순풍이 돌 때는 러시아고 일본이고 칠레고 어디고 내 땅 내 집이 수두룩했어. 그러다 쓰나미 하나 불면 쓰르륵 쓸려 가는 거지. 근데 평생 무역으로 먹고 산 인간이라 한국 땅은 좁아서 못 살어. 모르지, 내가 여기서 이러고 있지만 또 뭔 바람이 불면 순풍 타고 어디 가서 뭔 짓을 하고 있을런지."

쉰이 훌쩍 넘어 얼굴에 깊은 주름 가득한 얼굴이었지만 아저씨는 희망을 버리지 않고 있었다. 다시 순풍을 타고 세계 곳곳에 내 땅 내 집을 지을 희망. 그 희망이 이 척박하고 외로운 땅에서 아저씨를 꿋꿋이 서 있게 하는 원동력이 되었으리라.

한 번 말문을 튼 아저씨는 오랜만에 한국 사람을 만나서 기쁘신지 좀처럼 말을 멈추지 않으셨다. 자신이 얼마나 대단한 무역상이었는지, 또 얼마나 유명한 사람들을 많이 알고 있는지. 인생에서 사기를 얼마나 당하셨으며 또 얼마나 많은 부침과 애환이 있었는지. 그렇다, 사람 사는 게 다 그렇지 하는 어디서 많이 들어 본 닳고 닳은 인생사다. 비록 자신에게는 대하드라마 몇 권 분량이지만 다른 사람에게는 그저 '남의 이야기'일 뿐인 그런 파란만장한 '풍운아'의 이야기이다. 그러나 내가 그 분의 이야기를 몇 시간이나 경청할 수 있었던 것은 그 분의 눈빛

세상 끝에서 만난 후라면집 아저씨

에 담긴 외로움 때문이었다.

"근 한 달 동안 한국인을 못 봤어. 이제 겨울 시즌이니까, 앞으로 몇 달 동안 한국사람 보기 힘들겠거니 했는데 자네가 오는 거야. 저어기 멀리서부터 자네 오는 걸 지켜보고 있었지. 한국인이다, 한국인이다! 주문을 걸면서 말여. 대뜸 친하게 한국말로 말 걸었는데 태반이 일본인이었응게."

아저씨는 날 기다리고 있었던 거다. 내가 아니면 다른 누군가가 되었을 '한국 여행자'를 애타게 그리워했던 거다. 내가 한국 라면이 그리웠듯 한국인의 몸속에 숨어 있는 애착과 친근함의 정서. 뜨끈뜨끈하고 얼큰한 라면국물 같은 정서 말이다. 한 달 만에 원 없이 한국어를 하게 되셨는데 그 말을 냉정히 끊고 돌아설 용기도 이유도 내겐 없었다.

그 날 나 역시 그 동안 참아 뒀던 한국말을 원 없이 하며 함께 수다쟁이가 되었다. 아저씨가 긴 말을 끊고 참았던 오줌을 비우러 가시는 동안 나는 다시 길을 떠나기 위해 짐을 챙기기 시작했다.

"왜, 벌써 가게?"

마치 자신이 화장실에 다녀오는 동안 젊은 여행자가 먼저 떠나버리지나 않을까 조바심 쳤던 것 마냥 아저씨는 순식간에 나타나셔서 내 등 뒤에 아쉬움 가득한 말을 거셨다.

벌써, 가게? 그 단어 속에 들어 있는 끈끈한 그리움, 그 애틋함이 느껴져 난 쉽게 고개를 들 수 없었다. 그건 '끝'의 정서였다. 지금

내가 사랑한 사람들, 나를 사랑해준 사람들

이 여행자가 가고 나면 언제 또 한국인을 만날 수 있을지 모른다는 아쉬움, 내가 언제 다시 이곳으로 찾아와 이 아저씨를 다시 만날 지 알수 없다는 막연하지만 분명한. 끝의 정서.

그럼에도 불구하고 나는 길을 떠나온 자이다. 다시 이 길을 떠날 수밖에 없는 자이다. 맘 같아선 3박 4일 있으면서 아저씨와 라면 국물마냥 깊이 있는 수다를 떨고 싶었지만, 그러고 나면 한 달 그러고 나면일 년 여기에 눌러앉고 싶어질 것이다. "네, 인제 슬슬 가야죠." 난 일부러 씩씩하게 웃으며 자리를 일어섰다. 아저씨는 두툼한 솥뚜껑 같은 손으로 내 손을 덥석 잡으셨다.

"건강해야혀. 몸조심하는 거, 그게 젤이여."

길을 떠나올 때 아버지가 내게 해 주셨던 말. 무조건 건강이 젤이라는 말.
그 말을 하는 순간, 아저씨 역시 날 아들뻘로 생각하고 계시지 않았을까.
어쩌면 어딘가에 있을 자신의 아들을 향해 그런 말씀을 하셨던 게 아닐까. 순간, 코끝이 찡하면서 울컥 했다. 부여잡은 손을 향해 아저씨의 외로움이 쓰나미처럼 내게 전해지는 것만 같았다. 이럴수록 여행자는 쏘~ 쿨! 해야 한다.
"아저씨, 또 뵈요. 한국 오시면 연락 주세요."

함께 찍은 사진 한 장과 나눠받은 연락처. 언제 또 볼지, 언제 또 연

락을 하게 될런지는 모르지만 길에서 만난 사람들은 이렇게 아쉬움과
미련을 대신하는 법이다.

　글을 쓰는 동안 아저씨가 끓여 주신 사골국물 같은 뜨끈하고 진
한 라면 국물이 생각난다. 지금 이 순간에도 아저씨는 어떤 한국 여
행자를 붙잡고 끝없는 수다를 떨고 있을 거다. 한참을 걸어 나와 배
웅하고 뒤돌아보고 또 뒤돌아 봐도 점이 될 때까지 손을 흔들고 있
을 것이다. 지난 번 내게 그랬던 것처럼……

세계 속에서 한국인이 살아가는 법

남극에 들어서는 입구에서 만난 후라면집 아저씨처럼 전 세계에서 만난 한국인들은 제각각 그 모습은 달랐지만 하나같이 열심히 살고 있었다.

아프리카 탄자니아에서 열심히 선교활동을 펼치고 계시는 나정희 목사님 가정, 아르헨티나 부에노스 아이레스에서 가난한 한국 배낭여행자들을 위해 말도 안 되는 방값으로 게스트 하우스를 운영하고 있던 판초 형님, 심지어 깊은 아마존 밀림 속에서도 양배추로 김치를 만들어 먹고 계시던 초로의 할아버님까지……. 그들에게 한국이란 나라는 언젠가는 꼭 돌아가야 할 마음속의 고향이자 고된 하루하루를 꾸역꾸역 살아가게 만들어 준 원동력이었다. 흔히들 말하길 한국인만큼 끈적끈적한 민족이 없다고 한다. 그만큼 5대양 6대주를 넘나들면서 내가 만났던 한국인들이 보여줬던 그 끈끈한 정은 상상을 초월할 만큼 뜨겁게 다가왔고, 오랜 여행길을 꿋꿋하게 걸어갈 수 있었던 큰 힘으로 내 마음속에서 반짝반짝 빛나고 있다.

시작은 작은 빨간색 수첩 한권이었다.

　오로지 젊음 하나만 믿고 거창한 포부를 지닌 채 시작한 1년 반 동안의 세계여행. 무수한 시행착오 속에 어리버리의 극치를 달리며 이리 치이고 저리 치이는 사이, 여행길에서 가장 중요한 것은 아름다운 풍경을 보는 것도, 멋진 건축물을 보는 것도, 맛있는 음식을 먹는 것도 아니라는 사실을 절실하게 깨달았다. 아무리 힘든 일이 닥쳐도 누군가 옆에서 도움을 주었기에 그 위기를 벗어날 수 있었고, 값싸고 보잘 것 없는 길거리 음식이라도 좋아하는 사람과 함께 할 때 세상에서 가장 맛있는 음식으로 기억되었다. 결국은 사람이었다. 사람을 만나 기뻤고 사람을 만나 고민을 했고 사람들에 둘러싸여서도 외로워했다.

　여행 3개월째가 되던 어느 날 아침, 문득 자리에서 일어나 곰곰이 생각에 빠졌다. '어라? 그 때 뉴욕의 새벽 지하철에서 만나 너덜너덜하게 닳아빠진 지도를 자랑하던 집시 청년의 이름이 뭐였더라? 아아~ 캐나다 휘슬러 스키장에서 현선이와 함께 마셨던 그 맥주 이름이 뭐였지?' 입안에서 빙빙 맴돌기만 할 뿐 탁 떠오르지 않는 무수한 기억의 파편들. 수많은 만남들이 이어지면서 순간순간의 소중한 기억들은 차츰 빛을 바래어 갔고 야속한 기억력을 붙잡고 애타게 애원을 해봐도 한 번 지나간 추억은 다시는 되돌아오지 않았다. 그래서 일단 침대 옆에 떨어져 있던 빨간색의 낡은 수첩을 주워 무작정 써 내려가기 시작했다. 이름, 만난 장소, 그 사람과 어떤 시간을 공유했는지에 대한 한 줄짜리 짧은 기록들. 대륙을 넘나들고 몇 번의 죽을 고비를 넘기면서 소중한 기록들은 차곡차곡 쌓여만 갔고, 모든 여행을 마치고 집으로 돌아왔을 땐 총 271명의 인연이 생겨났다.

눈물이 시릴 정도로 멋있는 풍경을 수도 없이 보았고 평생 다시 못할 소중한 경험들을 매일매일 겪었다. 하지만 결국 그 모든 것들은 낯선 사람들과의 만남을 위함이었고 그들과의 끈끈한 교감을 통해 여행을 완성할 수 있었다. 그들의 삶을 통해 깊은 영감을 받았고 내 인생의 경험을 그들에게 전해 주었다.

그들과 함께이기에 내 시간이 빛났고
그들과 함께이기에 매일이 더 소중할 수 있었다.

길에서 만나 인연을 맺은 총 271명의 여행자들에게 이 책을 바친다.